W0056069

Coole Kicks- tolle Tore

Superfußballgeschichten

zusammengestellt von
Manfred Mai

Mit Illustrationen von
Andi Wolff

KeRLE
bei Herder

Freiburg · Wien · Basel

Inhalt

Ulli Schubert

Torjäger Timo wird entdeckt

Endlich ist Nachmittag. Aufgeregt läuft Timo zu dem kleinen Bolzplatz. Thomas, Marek und die anderen warten schon. Gemeinsam gehen sie ein paar Straßen weiter, zum richtigen Fußballplatz des FC Vorwärts.

„Das ist Timo", sagt Thomas zu Herrn Trapp, dem Trainer. „Er ist ein Supertorwart und will bei uns mitspielen."

„Soso, ein Supertorwart", schmunzelt der Trainer. Er mustert Timo. Schließlich klopft er ihm auf die Schulter. „Herzlich willkommen. Dann zieh dich mal um!"

Timo läuft zum Umkleideraum. Er schämt sich ein bisschen in seinem einfachen, weißen T-Shirt, der schwarzen Sporthose und den alten Turnschuhen. Neidisch starrt er die anderen Spieler an. Die meisten haben richtige Trikots für das Training. Und alle tragen Fußballschuhe.

„Die Trikots gehören dem Verein", erklärt Thomas. „Wenn du bei uns mitspielst, kriegst du bestimmt auch eins."

„Klasse", sagt Timo. Und er nimmt sich vor, sofort nach dem Training Mitglied beim FC Vorwärts zu werden. Allein schon wegen der tollen Trikots.

Dann hat er keine Zeit mehr, sich Gedanken zu machen. Das Training beginnt. Zuerst läuft die Mannschaft rund um den Platz. Eine ganze Runde. Und noch eine. „Ganz schön anstrengend", denkt Timo.

„Das Laufen ist wichtig", schnauft Thomas direkt hinter ihm. „Dadurch werden die Muskeln locker."

Am Ende der zweiten Runde ist Timo überzeugt, dass seine Muskeln jetzt locker genug sind. Er hat absolut keine Lust, noch eine Runde zu laufen.

Zum Glück ist der Trainer der gleichen Meinung. Ein schriller Pfiff aus seiner Trillerpfeife gellt über den Platz. Die Spieler stoppen ab.

„Stellt euch in einer Reihe auf", ruft Herr Trapp. „Wir machen jetzt zehn Minuten Gymnastik. Und dass mir keiner schummelt. Ich sehe alles!"

Jede Übung macht der Trainer vor. Die meisten kennt Timo vom Sportunterricht in der Schule. Und genau wie in der Schule findet er die gymnastischen Übungen blöd.

„Ich denke, ihr spielt Fußball", raunt er Marek zu, der neben ihm keucht.

„Ich finde das Turnen auch doof", sagt Marek leise. „Aber der Trainer meint, dass …"

„Was ist da vorne los?", ruft Herr Trapp. Er geht auf die Spieler zu und baut sich vor Timo und Marek auf. „Gibt es irgendwas zu meckern?"

Die beiden Spieler gucken betreten zu Boden.

„Gymnastik macht den Körper geschmeidig und beweglich", erklärt der Trainer. „Und Beweglichkeit ist für jeden Sportler wichtig. Verstanden?"

Timo und Marek nicken.

Der Trainer lächelt. „Außerdem habt ihr es gleich überstanden. Eine Übung noch, dann dürft ihr an den Ball."

Die Spieler müssen zehn Rumpfbeugen machen, und dann sind sie endlich erlöst. Der Trainer holt das Netz mit den Bällen und ruft die Spieler zusammen.

„Wir üben heute das Dribbeln und Schießen aus vollem Lauf", erklärt er. „Wer geht ins Tor?"

„Timo!", ruft Thomas.

Der Trainer mustert Timo. „Du bist Torwart?"

Timo weiß nicht, was er antworten soll. Halb nickt er mit dem Kopf, halb zieht er die Schultern hoch.

„Hast du eine lange Hose?", fragt der Trainer.

Timo schüttelt den Kopf.

„Und auch keinen gepolsterten Pullover?"

Wieder schüttelt Timo den Kopf. Er weiß nicht einmal, warum der Trainer danach fragt.

„Na ja, wenn du meinst, dass das auch so geht …", sagt der Trainer und sieht ihn abschätzend an. „Gut, probieren wir es. Ab mit dir ins Tor."

Die anderen Spieler stellen sich an der Mittellinie auf. Mit dem Ball am Fuß läuft Christian als Erster los. Zwanzig Meter vor dem Tor spielt er ab zum Trainer, der an der Strafraumgrenze steht. Der Trainer passt den Ball, ohne ihn zu stoppen, wieder zurück, wie im Doppelpass. Aus vollem Lauf knallt Christian den Ball ins Tor.

Timo hat nicht den Hauch einer Chance, den Ball zu halten. Enttäuscht holt er ihn aus dem Netz.

Da kommt schon der nächste Spieler angelaufen. Benni kann nicht so hart schießen wie Christian. Aber sein Schuss ist platziert. Halbhoch schlägt der Ball genau neben dem Pfosten ein.

Timo ärgert sich. Wieder hat er nicht einmal mit den Fäusten gezuckt. „Den nächsten halt ich", schwört er sich selbst.

Der nächste Spieler kommt angerast und schießt. Timo lässt sich in die bedrohte Ecke fallen. Aber der Ball springt vor ihm auf und über ihn hinweg ins Tor. Mist, das war schon der dritte Treffer!

Timo rappelt sich auf und wirft sich gleich wieder zu Boden. Tor. Er kommt hoch, lässt sich fallen – Tor. Steht auf, wirft sich hin – Tor.

Mittlerweile weiß Timo, warum der Trainer nach der langen Hose und dem gepolsterten Pullover gefragt hat. Seine Beine sind übersät mit blutigen Striemen. Und die Ellenbogen tun jedes Mal weh, wenn er sich auf dem harten Platz fallen lässt.

Trotzdem steht Timo wieder auf. „Den halte ich jetzt! Ganz bestimmt", verspricht er sich selbst.

Hakan läuft los. Er passt zum Trainer, bekommt den Ball postwendend zurück und läuft auf das Tor zu. Vom Elfmeterpunkt zieht er ab. Flach, in die linke Ecke.

Timo läuft los und springt in die Ecke. Er macht sich lang und länger. Mit den Fingerspitzen erwischt er den Ball und lenkt ihn um den Torpfosten. Die ganze Mannschaft klatscht Beifall, und der Trainer hebt anerkennend den Daumen. Das war wirklich toll gehalten. Timo steht verlegen auf und stellt sich wieder auf die Linie.

Jeder Spieler kommt dreimal an die Reihe. Neununddreißig Schüsse kriegt Timo um die Ohren geballert. Fünf davon gehen neben das Tor, zwei landen in den Wolken und einer kracht gegen den Pfosten. Vier Schüsse kann Timo halten.

Besonders viel ist das nicht. Trotzdem lobt der Trainer ihn und stellt ihn auch beim abschließenden Spiel im Tor auf.

„Wir spielen zehn Minuten über das halbe Feld, ohne Wechsel!", ruft er und pfeift an.

Timos Mannschaft ist die bessere. Vor allem in der Verteidigung. In den ersten Minuten kommt kein einziger Schuss auf sein Tor. Timo weiß nicht, ob er sich darüber freuen soll. Allmählich wird es ihm nämlich langweilig zwischen den Pfosten.

Wieder fängt seine Mannschaft einen Angriff weit vor dem Tor ab. Timo lehnt sich an den Pfosten und beobachtet, wie seine Mannschaft stürmt. Besonders geschickt stellt sie sich nicht an. Thomas fummelt sich fest. Hakan erkämpft sich den Ball zurück und passt zu Christian. Der will nach außen zu Benni schießen, doch der Ball trudelt ins Aus.

Timo bewegt sich langsam in die Mitte des Tores. Vielleicht kriegt er jetzt ja mal etwas zu tun.

Nein, wieder nicht. Marek läuft in einen Pass des Gegners und schießt den Ball nach vorne.

Boh, ist das langweilig! Timo rutscht an seinem Pfosten zu Boden.

Das kurze Spiel ist schon fast zu Ende. Thomas führt den Ball. Er dribbelt an der Außenlinie entlang und kurvt dann in den Strafraum. Er gibt den Ball zu Hakan. Der schießt sofort aus der Drehung, aber der andere Torwart kann den Ball halten. Aus der Luft macht er einen weiten Abschlag. Über Freund und Feind fliegt der Ball hinweg und rollt auf Timos Tor zu.

Timo springt auf. Er läuft dem Ball entgegen, nimmt ihn an und dribbelt weiter.

„Gib ab!", ruft Christian.

„Geh zurück ins Tor!", schreit Marek.

Timo denkt gar nicht daran. Er hat absolut keine Lust mehr, zwischen den blöden Pfosten zu versauern. Er will keine Tore verhindern, er will ein Tor schießen!

Mit dem Ball am Fuß läuft er über die Mittellinie. Ein Gegenspieler stellt sich ihm in den Weg. Timo täuscht links an und läuft rechts an ihm vorbei. Er spielt den nächsten Gegner aus, den übernächsten auch und stürmt auf das gegnerische Tor zu. Nichts kann ihn mehr stoppen.

„Gib ab!", schreit Thomas auf Rechtsaußen und winkt wild mit den Armen. Er steht ganz frei.

Aber Timo gibt nicht ab. Viel zu lange hat er in dem doofen Tor gestanden. Jetzt will er laufen! Er dringt in den Strafraum ein. Nur ein Verteidiger und der Torwart stehen ihm noch im Weg. Noch zehn Meter bis zum Tor. Timo tritt auf den Ball und stoppt. Er schiebt ihn ein Stück nach rechts und holt aus. Mit aller Wucht trifft er den Ball. Die runde Kugel fliegt und fliegt und fliegt und – rauscht knapp unter der Latte in die Maschen!

„Tooor!" Timo reißt die Arme hoch. Seine Mitspieler rasen auf ihn zu und drücken und umarmen ihn.

Der Trainer pfeift das Spiel erst gar nicht wieder an.

Timos Mannschaft gewinnt 1:0. Durch sein erstes Tor.

Der Trainer ruft alle Spieler im Mittelkreis zusammen.

„Das war ein schönes Training. Ihr habt alle toll mitgemacht", sagt er zur gesamten Mannschaft. Und dann lobt er Timo noch besonders: „Das war ein tolles Tor."

Timo strahlt vor Freude.

„Du hast dich gut durchgesetzt", sagt der Trainer weiter. „Allerdings warst du auch ein bisschen zu eigensinnig. Du hättest den Ball viel früher abgeben müssen. Fußball ist ein Mannschaftssport. Thomas und Christian standen doch frei."

Timo nickt. Das sieht er ein.

„Und in einem richtigen Spiel darfst du nicht einfach aus deinem Tor laufen."

„Da war es so langweilig", sagt Timo.

Die anderen Spieler und Herr Trapp lachen.

„Torwart ist wohl nichts für dich, was?"

„Nein. Tore schießen macht viel mehr Spaß. Und es tut auch nicht so weh." Timo reibt seine geschundenen Knochen und betrachtet die blutigen Oberschenkel.

„Einen guten Feldspieler können wir auch immer gebrauchen", sagt der Trainer. „Hast du Lust, bei uns mitzumachen?"

„Ja!", schreit Timo begeistert.

„Gut", freut sich der Trainer. „Du bekommst von mir ein Anmeldeformular. Das müssen deine Eltern ausfüllen, und du bringst es zum nächsten Treffen mit." Der Trainer wendet sich der Mannschaft zu: „Wir treffen uns am Sonntagmorgen hier um neun Uhr. Wir haben ein Freundschaftsspiel gegen Victoria. Wenn du Lust hast, Timo, kannst du ja zum Zugucken kommen. Noch Fragen?"

„Nein", rufen die Spieler im Chor.

„Dann ab mit euch unter die Dusche!"

Uwe Timm

Rennschwein Rudi Rüssel

Es war Vater, der die rettende Idee hatte.

Wenn die Mannschaft unseres Vereins in ihren blau-weiß ge-
streiften Hemden am Sonntag spielte, dann kamen auch immer
ein paar Zuschauer. Mal waren es nur zwanzig, mal waren es
über achtzig.

Und wir Kinder sahen dann ebenfalls zu, jedenfalls Zuppi und
ich. Betti spielt Handball. Wenn also die Spieler auf dem Spielfeld hinter dem Ball herrannten, dann wurde Rudi im Garten
des Platzwart-Hauses ganz aufgeregt. Er stand am Gartenzaun
und trippelte hin und her.

„Der will auch zugucken", sagte Zuppi und nahm ihn beim
nächsten Spiel mit an den Rand des Spielfeldes. Und da hättet
ihr Rudi erleben müssen. Er kannte genau die Spieler unseres
Vereins, denn er sah sie ja immer trainieren und in den Umklei-
dekabinen ein- und ausgehen. Jetzt, da er bei einem Spiel zugucken durfte, rannte er, wenn unsere Vereinsmannschaft auf das
gegnerische Tor zustürmte, in einem wilden Schweinsgalopp mit,
dabei zog er Zuppi an der Leine hinter sich her. Die Zuschauer
schrien und lachten, und es kam eine tolle Stimmung auf. So
bekam auch unsere Mannschaft den richtigen Schwung und gewann das Spiel sehr hoch. Nach dem Spiel sagte Vater: „Ich
hab's: Rudi muss ein Maskottchen werden."

Maskottchen, das sind Glücksbringer. Es gibt ja Vereine, die
eine Ziege haben oder ein Pony und die diese Tiere sogar zu
jedem Auswärtsspiel mitbringen, warum sollte unser Verein
nicht ein Schwein haben? Schwein haben, bedeutet doch Glück
haben. Vater schlug dem Vereinsvorstand Rudi als Maskottchen
vor. Der Vereinsvorstand war, nachdem er den Trainer befragt

hatte, einverstanden. So kam es, dass Rudi ein Fußballmaskottchen wurde. Und damit übte er auch eine künstlerische Tätigkeit aus. Die wurde vom Bezirksamt sofort anerkannt. Rudi bekam also eine von der Behörde bestätigte Genehmigung, dass er auf dem Sportplatz leben durfte.

Rudi war ein sehr erfolgreiches Maskottchen. Er nahm seine Aufgabe ernst. Er war nicht nur bei den Spielen dabei, sondern saß auch beim Training neben der Seitenlinie und beobachtete genau die Spieler, wenn sie hinter den Bällen herliefen, die ihnen der Trainer oder ein anderer Spieler zuschossen. Und manchmal, wenn ein Spieler zu langsam war, hielt es Rudi einfach nicht mehr aus, er rannte im Schweinsgalopp los, zum Ball, und stupste den mit der Schnauze an.

Dann sagte der Trainer: „Mensch, Jupp, nun war das Schwein wieder schneller. Mann, du musst durchziehen, volles Tempo."

Jupp lief nochmal los, diesmal so schnell er konnte. Und manchmal ließ der Trainer zum Aufwärmen seine Stürmer mit Rudi um die Wette laufen. Das war natürlich ein Riesenspaß für die Fußballspieler. Die liefen, dass ihnen die Socken qualmten. Und nur ein Mann aus der Mannschaft war hin und wieder, aber nicht immer, etwas schneller als Rudi.

„Hätte ich nie gedacht", sagte der Trainer, „dass Schweine so schnell laufen können."

„Das ist kein normales Schwein, das ist ein Rennschwein", sagte dann jedes Mal Ewald, der Torwart.

Rudi machte also beim Training regelrecht mit, und alle hatten ihren Spaß daran.

An den Sonntagen, wenn die Spiele der Amateurliga ausgetragen wurden, stand Rudi am Spielfeldrand. Er trug dann ein übergroßes Trikot in den Vereinsfarben. Das heißt, er stand nicht dort, sondern rannte aufgeregt hin und her, weil er immer wieder in das Spiel eingreifen wollte. Darum wurde ihm ein Ledergürtel als Halsband umgelegt, und dann wurde er an einer langen Leine festgebunden.

Eines Tages stand ein ausführlicher Bericht über Rudi in einer Zeitung. Mit der Überschrift: *Das Trainingsschwein.*

Ein Bild zeigte Rudi im Trikot am Spielfeldrand, die Ohren aufmerksam hochgestellt.

Nach diesem Zeitungsbericht kamen sehr viel mehr Zuschauer zu den Spielen, darunter viele, die ihren Kindern einmal ein richtiges Schwein zeigen wollten.

Rudi brachte dem Verein also tatsächlich Glück, denn mit den Zuschauern wuchsen die Einnahmen und auch die Stimmen, die

unsere Mannschaft mit dem Schlachtruf: „Rudi vor, noch ein Tor!",
anfeuerten. Die Mannschaft gewann fast alle Spiele. Kein Wunder,
dass Rudi ganz aufgeregt wurde, wenn er diesen Schlachtruf hörte,
dann zerrte er wie wild an der Leine und wollte ins Spiel eingreifen,
besonders dann, wenn der Schiedsrichter das Spiel abpfiff.

Als wieder einmal der Schiedsrichter das Spiel mit seiner Trillerpfeife abpfiff, einen Fuß auf den Ball setzte, die gelbe Karte
zückte und sie einem unserer Spieler vor die Nase hielt, sich dessen Nummer notierte, dabei die ganze Zeit den Ball mit dem
Fuß festhielt, da riss sich Rudi von der Leine los, raste auf das
Spielfeld, rannte den Schiedsrichter um, schnappte sich den
Ball und lief damit zum gegnerischen Tor. Alle Spieler rannten
hinter Rudi her. Sie redeten ihm zu, den Ball wieder herzu-
geben. Als er ihn schließlich hinter der Torlinie fallen ließ, da
war der Ball nur noch eine weiche Pflaume. Rudi hatte ihn
durchgebissen.

Während der ganzen Zeit hatte der Schiedsrichter wie ein
Verrückter auf seiner Trillerpfeife gepfiffen. „Das Schwein muss
sofort vom Platz", schrie der Schiedsrichter.

Wir wollten Rudi wieder am Spielfeldrand festbinden, da brüllte der Schiedsrichter: „Das Schwein muss von dem Sportplatz verschwinden."

Das ging aber nicht, denn Rudi wohnte ja hier.

„Sofort einsperren", befahl der Schiedsrichter, „sonst geht das Spiel nicht weiter."

Wir zerrten Rudi vom Spielfeld. Er sträubte sich. Aber der Schiedsrichter war unerbittlich.

Rudi kam in den Garten. Dort saß er traurig am Zaun und verfolgte von fern das Spiel, das mit einem neuen Ball fortgesetzt wurde.

Schweine haben ein gutes Gedächtnis. Rudi schien ein besonders gutes zu haben. Von dem Tag an hatte er etwas gegen Schiedsrichter. Und da die Linienrichter ebenfalls schwarz gekleidet sind, auch gegen Linienrichter. Genau genommen gegen jeden Mann, der ein schwarzes Hemd und kurze schwarze Hosen trug. Rudi zeigte, wenn er auch nur von der Ferne einen sah, die Zähne.

Er konnte natürlich nicht verstehen, warum er vom Platz gewiesen worden war. Er glaubte wohl, so stelle ich mir vor, dass dieser schwarze Mann, der immer zwischen den Spielern hin und her lief und niemals selbst mit dem Ball spielte, sondern im Gegenteil immer mit seiner Trillerpfeife das Spiel unterbrach, ein Spielverderber sei. Meistens ärgerten sich ja auch die Spieler, und sie zeigten das auch, gestikulierten wild herum, schimpften, und Rudi verstand, dass sie mit diesem schwarzen Mann nicht einverstanden waren.

Es war der erste Platzverweis eines Maskottchens in der Geschichte des deutschen Fußballs, wie uns Vater an demselben Abend noch erzählte.

Rudi war für drei Spiele gesperrt worden. Also blieb er an drei Sonntagen im Garten eingeschlossen und verfolgte von dort die Spiele. Alle drei Spiele verlor unser Verein. Wir sagten, das liegt an Rudi. Rudi fehlt, darum hat unsere Mannschaft Pech.

„Unsinn", sagte Vater, „das ist Aberglaube. In der Mannschaft sind zwei Spieler verletzt. Und dem Torwart ist die Frau weggelaufen. Der denkt immer an seine Frau und greift daneben."

Beim vierten Spiel war Rudi wieder dabei.

Um das, was dann geschah, zu verstehen, muss man wissen, dass Rudi gleich zu Anfang mit einem Linienrichter einen Zusammenstoß hatte. Rudi saß wie immer am Rand des Spielfelds, als der Linienrichter, der das Spiel beobachtete, über ihn stolperte. Der Linienrichter scheuchte Rudi zurück, ja, er trat sogar nach Rudi. Er hatte ihn nicht richtig getreten, aber Rudi hatte verstanden und fletschte die Zähne.

Wir mussten Rudi etwas kürzer binden. Aber dann kam der Linienrichter wenig später unglücklicherweise erneut in die Nähe von Rudi, hob sein Fähnchen und das Spiel wurde abgepfiffen. Der Ball war ins Aus gegangen. Wir konnten später alle nur bestätigen, dass der Linienrichter lediglich seine Pflicht getan hatte. Nur Zuppi behauptete steif und fest, der Ball sei gar nicht ins Aus gegangen, Rudi habe das gesehen und sei deshalb auf den Linienrichter losgegangen. Jedenfalls riss Rudi dem Linienrichter, der ahnungslos vor ihm stand, mit einem einzigen Biss die Hose vom Hintern. Das Spiel wurde sofort abgepfiffen. Der Schiedsrichter kam und wollte Rudi vom Platz weisen, aber es

gelang Zuppi, den Schiedsrichter davon zu überzeugen, dass Rudi den Mann nicht böswillig, sondern aus Begeisterung angesprungen habe.

„Der Mann sieht dem Bauern ähnlich, bei dem Rudi einmal im Stall gestanden hat."

„Gut", sagte der Schiedsrichter, „ich drück nochmal ein Auge zu."

Das Spiel ging weiter, aber wenige Minuten darauf, unsere Mannschaft hatte schon wieder ein Tor kassiert und schimpfte über eine Entscheidung des Schiedsrichters, da packte Rudi den Linienrichter, der bei ihm vorbeiging, abermals an der Hose und riss sie ihm, weil der Mann sie diesmal festhielt, sogar in Streifen.

Es war fürchterlich. Das Spiel wurde abgepfiffen.

„Ein tollwütiges Schwein", schrie der Linienrichter immer wieder. Alle, die Spieler, die Zuschauer, die Linienrichter liefen zusammen, schrien durcheinander. Der Schiedsrichter ließ die Polizei holen, Rudi wurde vom Platz geschleppt, in dem Schuppen eingesperrt, und man nahm sogar eine Probe seines Speichels, weil man glaubte, er sei tollwütig.

Das war das Ende von Rudis Laufbahn als Maskottchen.

Knister

Hexe Lilli im Fußballfieber

Lilli sitzt in ihrem Zimmer und liest den Sportteil der Zeitung. Sie interessiert sich für die Fußballergebnisse vom Wochenende und die neue Meisterschaftstabelle. Sie will unbedingt alle Ergebnisse auswendig lernen. Wenn Leon sie nur lassen würde …

Der stürmt – natürlich wieder mal ohne anzuklopfen – in Lillis Zimmer. Leon kann zwar noch nicht lesen, aber an den Bildern erkennt er gleich, was Lilli da liest.

„Warum bist du denn auf einmal Fußballfan?", fragt er.

„Na ja … warum denn nicht?", antwortet Lilli.

Sie kann Leon ja schlecht erklären, warum. Es ist nämlich gar nicht unbedingt der Fußball, der Lilli so begeistert. Es hat mehr mit dem Drumherum zu tun. Mit einem ganz bestimmten Drumherum. Lilli ist nämlich verliebt. Und das geht Leon nichts an. Außerdem würde er es auch nicht verstehen, weil er von der Liebe noch viel weniger versteht als von Fußball. Lilli ist also nicht in Fußball verliebt, sondern in Andreas. Andreas geht in ihre Parallelklasse und ist der Crack, wie man im Fußball sagt. Der Crack der Schulmannschaft.

„Wenn man in einen Fußballer verliebt ist, muss man was von Fußball verstehen", sagt Mona, Lillis beste Freundin.

Und Mona muss es wirklich wissen, weil sie ja schon drei echte Liebesbriefe bekommen hat.

Und sie geht auch schon seit sechs Wochen mit Kevin – aber das weiß außer Lilli niemand.

„Vor allem, wenn du in einen Fußballer verliebt bist, der noch keine Ahnung von seinem Glück hat. Wie willst du den sonst davon überzeugen, dass er sich auch in dich verliebt?"

So verzwickt ist das mit der Liebe. Wahrscheinlich viel zu verzwickt für so einen wie Andreas. Der hat nämlich wie die meisten Jungs nichts als Fußball im Kopf. Aber Lilli weiß jetzt Bescheid – und das reicht!

Mona sagt auch: „Wir Mädchen müssen das Spiel in die Hand nehmen!"

Lilli hat nur genickt und bewundernd geantwortet: „Mensch, Mona, in Liebesdingen bist du ein richtiger Libero."

Aber dieses Kompliment hat Mona überhaupt nicht kapiert. Woher soll sie auch wissen, dass ein Libero ein wichtiger Spielmacher im Fußball ist. Lilli weiß es ja auch erst seit kurzem. Dafür versteht Mona 'ne Menge vom Reiten – obwohl ihr Freund Kevin Skateboardfahrer ist und Pferde nicht ausstehen kann. Er findet nämlich, dass sie stinken. Das hat er Lilli erst neulich erzählt und Lilli hat lange überlegt, ob sie es ihrer besten Freundin sagen muss. Aber sie hat sich nicht getraut, weil Mona doch so verliebt ist und gesagt hat, sie kriegt Kevin schon noch aufs Pferd, wo sie jetzt zusammen gehen! Lilli musste Mona versprechen, dass sie Kevin nichts von Monas Reitplänen verrät. Sonst würde sie alles verderben. Wenn *die* wüsste …

Ja, so schwierig ist das mit der Liebe. Und deswegen ist das nichts für Lillis kleinen Bruder.

„Los, lies vor!", quengelt der.

Damit er Ruhe gibt, liest Lilli ihm einen Artikel über ein Bundesligaspiel vor. Sie beginnt an der Stelle, an der sie von Leon unterbrochen wurde: „… aber die Heimmannschaft gab sich noch nicht geschlagen. Endlich wurde richtig Druck gemacht und der Gegner im Strafraum eingeschnürt …"

„Darf man so was – einschnüren?", ruft Leon.

Aber Lilli hört gar nicht hin. Sie liest weiter. „Nur noch vereinzelt gelang es den Gästen, sich aus der Umklammerung zu befreien und vors gegnerische Tor zu kommen. Aber hier schnappte die Abseitsfalle erbarmungslos zu …"

„Was denn für eine Falle?"

Lilli verdreht kurz die Augen, lässt sich aber nicht beirren.

„Weiter ging das Spiel auf ein Tor. Doch die Abwehr der Gäste stand kompakt. Verzweifelt stürmten die Blauweißen nach vorn – aber das Tor der Gäste war regelrecht zugenagelt."

„Aber man darf doch nicht einfach ein Tor zunageln!"

„Aber so ist das doch nicht gemeint!", erklärt Lilli. „Sie nageln das Tor nicht richtig zu."

„Wie machen sie's denn zu? Mit Schrauben vielleicht? Ich hab mal meinen Hamsterkasten zugemacht. Mit Gabeln, wie bei David Copperfield. Nur dass der lange Messer genommen hat … Natürlich war der Hamster nicht im Käfig. Erst als alle Gabeln drinsteckten, habe ich ihn reingelassen. Sah echt gefährlich aus."

Lilli verdreht wieder die Augen und weiß nicht, ob sie lachen oder weinen soll. „Man sagt nur, dass das Tor wie zugenagelt ist. Natürlich ist es dann nicht in Wirklichkeit zugenagelt. Hier in der Zeitung steht, dass die Deckung gut gestaffelt war und die Räume gut aufgeteilt waren, so dass der Gegner nicht durchkommen konnte."

„Wieso Räume? Ich dachte, die spielen auf dem Fußballplatz und nicht im Raum!"

Lilli holt tief Luft. „Lässt du mich nun vielleicht mal weiterlesen? Ich möchte nämlich wissen, ob die eine Mannschaft es geschafft hat, die Abwehrkette zu knacken. Natürlich ohne Nussknacker – du verstehst?"

„Na klar!", sagt Leon und nickt eifrig. „Aber bei uns im Kindergarten ist es verboten, im Raum Fußball zu spielen!"

Damit zockelt er endlich ab und Lilli kann sich wieder ihrer Zeitung widmen. Schließlich will sie morgen in der Schule bestens informiert sein. Die Aufzeichnungen der Spiele aus der Ersten und Zweiten Bundesliga hat sie sich natürlich schon im Fernsehen angeschaut. Jetzt studiert sie noch einmal gründlich alle Spielergebnisse und Tabellen. Und zwar so lange, bis sie alles auswendig weiß. Dann legt sie die Zeitung zur Seite. „Puh! Ganz schön anstrengend."

Aber nun hat Lilli keine Angst mehr, Andreas anzusprechen, wenn der mit den anderen Jungs auf dem Schulhof über Fußball fachsimpelt. Und wenn die anderen Jungs ihr blöd kommen, wird sie ihnen die Tabellen und Ergebnisse nur so um die Ohren hauen.

Eric Geuchen

Endspielfieber

In der ersten Stunde hatte die 4 B Deutsch bei ihrer Klassenlehrerin, Frau Sonnenbühl. Heute kam Frau Sonnenbühl fünf Minuten zu spät. Sie brachte einen sehr blonden, sehr sommersprossigen Jungen mit in die Klasse.

„Ihr bekommt einen neuen Klassenkameraden", sagte Frau Sonnenbühl, als es im Klassenraum endlich ruhig war. „Das ist Benedikt Rieger."

„Ich heiße Ben", brummelte der sommersprossige Junge.

„Also gut: Ben", lächelte die Klassenlehrerin. „Ben geht ab heute in eure Klasse. Er ist vor kurzem mit seinem Vater aus Paris hierhergezogen. Er freut sich schon darauf, euch alle kennen zu lernen."

Ben schnitt eine Grimasse. Eigentlich sah er nicht so aus, als würde er sich auf die 4 B der Hotzenschule besonders freuen.

„Ich glaube, dass ihr euch sehr gut mit ihm vertragen werdet", sagte Frau Sonnenbühl noch. Dann sah sie sich suchend in der Klasse um.

„Wolle, ich glaube, es ist am besten, du machst den Platz neben Henning frei und setzt dich neben Laura."

Wolle blieb der Mund offen stehen. „Aber warum denn?", meckerte er los. „Ich sitze hier am allerliebsten."

Plötzlich verschwand das Lächeln aus Frau Sonnenbühls Gesicht. „Ich möchte darüber eigentlich nicht diskutieren", sagte sie streng.

Wolle wusste nicht so genau, was diskutieren war, aber er vermutete, dass es so viel hieß wie „Schluss mit lustig". Also murrte er etwas vor sich hin, packte seine Sachen zusammen und setzte sich neben Laura.

Laura griff sofort nach ihrem Mäppchen und baute es so auf, dass Wolle nicht auf ihre Tischseite rübersehen konnte.

„Gute Idee!", zischte Wolle ihr zu. „Wollte ich nämlich auch gerade machen."

Laura schnitt ihm eine Grimasse.

Ben nahm unterdessen neben Henning Platz. Er hielt ihm freundschaftlich die Hand hin: „Hay."

Henning grinste schief und schlug ein, während Wolle vom anderen Ende der Klasse unglücklich herüberschielte.

Aber dann musste Ben gleich wieder nach vorn an die Tafel. Frau Sonnenbühl rollte die große Landkarte aus. Die, auf der auch das Meer drauf war und lauter fremde Länder. „Und jetzt zeig deinen neuen Freunden mal, wo das ist: Paris, die Stadt, wo du gewohnt hast", sagte Frau Sonnenbühl.

Ben nahm den Zeigestock. „Da", sagte er und zeigte auf einen Punkt, der gar nicht mehr in Deutschland lag, sondern ganz weit links, fast schon im Meer.

„Paris liegt in Frankreich", erklärte die Lehrerin dazu, „an dem schönen Fluss Seine." Sie lächelte, als würde es ihr eine große Freude machen, dass Paris an der Seine lag.

„Und jetzt erzähl deinen Freunden doch mal etwas über dein Leben in Paris", sagte sie zu Ben. „Wo habt ihr gewohnt? Wo bist du zur Schule gegangen? Was hat dein Vater dort gemacht …?"

Ben nickte. Dann begann er die Fragen von Frau Sonnenbühl eine nach der anderen zu beantworten.

Er hatte mit seinem Vater drei Jahre in einer Mietswohnung am Stadtrand von Paris gewohnt. Er war in eine deutsche Schule gegangen. Sein Vater hatte in Paris als Modefotograf gearbeitet und jetzt einen Job als Fotograf bei der Zeitung.

„Darf ich jetzt auf meinen Platz zurück?", fragte Ben, als er mit den drei Fragen fertig war.

Frau Sonnenbühl guckte ein bisschen enttäuscht, dass Ben so schnell am Ende war. „Und das tägliche Leben?", bohrte sie nach. „Die Menschen? Das gute Essen …?"

Ben zuckte mit den Schultern. „Alles so wie hier", sagte er und wollte sich wieder setzen.

Aber da schoss Lauras Finger in die Luft. „Dein Vater war Modefotograf in Paris?", fragte sie mit glänzenden Augen.

„Klar", nickte Ben.

„Hat er denn auch Claudia Schiffer fotografiert?"

Ben nickte.

„Und Brittney Spears?", platzte jetzt Natalie heraus.

Ben nickte.

„Boh!", staunten die Mädchen.

Henning und Wolle warfen sich einen viel sagenden Blick zu. Die Mädchen fanden den Neuen klasse, das merkte man gleich. Was war das schon? Modefotograf! Ja, wenn Bens Vater Hubschrauberpilot gewesen wäre! Oder Fußballtrainer!

Jetzt hatte Frau Sonnenbühl noch eine Frage. „Kannst du für uns etwas auf Französisch sagen?", bat sie den Neuen.

Erst wollte Ben nicht. Aber dann sagte er doch was: „Schä plü sonvie a fähr le ginjoll pur vu, Madamm." Es hörte sich so an, als würde er sich beim Sprechen die Nase zuhalten.

„Und was heißt das?", wollte die Lehrerin wissen.

Auf einmal bekam Ben richtig gute Laune. „Ich freue mich, in Ihre Klasse zu kommen", übersetzte er grinsend.

Frau Sonnenbühl strahlte den Neuen an. „Danke schön, Ben!"

Endlich durfte er sich setzen.

Ben grinste immer noch. In Wirklichkeit hieß der Satz nämlich so etwas wie: „Jetzt habe ich langsam keine Lust mehr, für Sie den Kasper zu machen, Frau Lehrerin!" Es war manchmal gut, wenn man Französisch konnte!

Wenn man beim Läuten blitzartig aufsprang und im Flur das Treppengeländer hinunterrutschte, reichte die Fünf-Minuten-Pause aus, um bequem ein paar Runden Blitzfußball zu spielen. Aber heute hatten Henning und die anderen etwas Wichtigeres vor.

„Wir haben einen neuen Lehrerliebling!", lästerte Steffen und schwang sich auf die Mauer.

„Und ich muss mich wegen dem auch noch von Henning wegsetzen!", sagte Wolle finster.

Henning legte Wolle den Arm um die Schulter. „Ich sitze auch viel lieber neben dir", tröstete er seinen Freund.

„Laura leiht mir doch niemals ihr Heft, wenn ich die Hausaufgaben vergessen habe", unkte Wolle.

„So was tun eben nur echte Freunde", nickte Henning.

„Und einen neuen Mädchenschwarm haben wir auch", sagte Acki. Durch die große Glastür kam nämlich gerade Ben mit Laura, Natalie und Erika auf den Pausenhof. Die Mädchen redeten aufgeregt auf ihn ein und kicherten albern.

Als der Neue Henning und die anderen an der Mauer entdeckte, ließ er die Mädchen stehen und kam zu ihnen rüber.

„Na? Lehrerliebling!", rief Wolle ihm entgegen.

Ben sah ihn erstaunt an. „Was soll das denn?", fragte er.

Acki hielt sich die Nase zu und sagte zu dem Neuen: „Oink, oink, oink, oink, oink, madamm."

Die Jungen lachten brüllend. Das hörte sich total französisch an.

Jetzt hielt sich auch Henning die Nase zu und machte: „Oink, oink, oink …" Ramms! Da hatte er sich plötzlich eine Ohrfeige gefangen. Henning hielt sich die Backe.

Ben verschränkte die Arme. „Mein Vater ist nämlich nicht nur Fotograf. Außerdem ist er Kickboxer", sagte er. „Und manchmal zeigt er mir ein paar Tricks." Damit machte er auf dem Absatz kehrt und ging ins Schulgebäude zurück.

Die fünf Jungen sahen ihm verdutzt hinterher. Vielleicht war der Neue ja doch nicht solch ein Warmduscher, wie sie zuerst gedacht hatten …

In der fünften Stunde hatte die 4B Sport. Der Sportlehrer, Herr Schnürschuh, kam in die Jungenumkleide und sagte: „Heute gehen wir auf den Sportplatz."

Da zogen sich alle noch viel schneller um. Auf dem Sportplatz durften sie nämlich Hochsprung auf der dicken Matte üben oder schwere Kugeln weit werfen … Wolle konnte das besonders gut. Er warf die Kugeln immer am weitesten.

Als die Jungen auf den Sportplatz kamen, staunten sie nicht schlecht. Herr Schnürschuh stand mitten auf dem Rasen. Er war gerade dabei, acht Fahnenstangen schnurgerade hintereinander in den Boden zu rammen. – In den heiligen Rasen! Sonst durften die Schüler den Rasen nicht mal betreten! Herr Egerling, der Hausmeister, konnte es nämlich gar nicht leiden, wenn das Gras platt getreten wurde. An beiden Enden des Platzes standen heute zwei kleine Tore.

Herr Schnürschuh rief die Jungs zusammen. Dann nahm er einen seltsamen Eimer in die Hand und hielt ihn so hoch, dass ihn alle sehen konnten. „Das habe ich nämlich vor zwei Wochen auf dem Schulspeicher entdeckt", strahlte er.

Wolle und Henning verstanden nicht ganz, worüber sich der Lehrer so freute. Dieses scheußliche Ding aus Metall und Plastik war nun wirklich keine Ansprache wert!

Der Lehrer räusperte sich und machte plötzlich ein ganz wichtiges Gesicht. „Ihr wisst ja vielleicht, dass es früher an der Hotzenschule ein Fußballmatch zwischen den vierten Klassen gegeben hat."

Auf einmal war es mucksmäuschenstill, denn alle spitzten plötzlich die Ohren.

„Die Schüler von damals spielten um den Herbstpokal", fuhr Herr Schnürschuh fort und zeigte auf den Eimer. „Ebendiesen Herbstpokal habe ich wiedergefunden. – Ihr seht ihn vor euch. – Am Freitag in acht Tagen …"

Was Herr Schnürschuh dann sagte, konnte keiner mehr verstehen. Es ging in dem allgemeinen Gejohle unter.

„Super, Mann! Ein Pokalspiel!", brüllte Wolle Henning zu und klopfte ihm aufgeregt auf den Rücken.

„Gegen die 4 A", schrie Henning mit leuchtenden Augen. „Du, da müssen wir megamäßig trainieren …!"

„Logo!", brüllten Acki und Steffen und klatschten Henning und Wolle ab.

Die Jungs aus der 4 A waren echte Gegner, denn sie kickten auch nicht schlecht. Das wussten Henning und Wolle, weil die aus der A auch manchmal auf den Bolzplatz kamen. Aber normalerweise spielten die anderen auf dem Sudermannplatz im Friesenviertel. Da wohnten nämlich die meisten von ihnen.

Herr Schnürschuh musste ziemlich lange warten, bis es endlich wieder so ruhig war, dass er weitersprechen konnte. Dann erklärte er den Schülern, was er und der Direktor sich ausgedacht hatten:

Das Spiel sollte nach der großen Pause hier auf dem Rasenplatz stattfinden. Beim Match sollten sechs Schüler aus der 4 B gegen sechs aus der 4 A kicken. Die Spieldauer würde 2mal 20 Minuten betragen.

„Die Spieler, die eure Klasse bei dem Match vertreten, sollt ihr nächste Woche selbst aufstellen", beendete Herr Schnürschuh seinen Vortrag. „Aber jetzt wird erst mal trainiert. Wir üben heute ein bisschen Kondition und Ballgefühl. Den Rest der Stunde spielen wir Fußball."

Dann zog der Lehrer eine richtige Schiedsrichter-Trillerpfeife aus seiner Hosentasche. „Los geht's!", rief er. Und dann mussten die Jungen über den Platz rennen, wie sie noch nie gerannt waren. „Aufstehen! Hinlegen! Aufstehen! Hinlegen! Aufstehen! Hinlegen!", kommandierte Herr Schnürschuh dazu.

Nach fünf Minuten hatten alle puterrote Köpfe vor Anstrengung.

Herr Schnürschuh blies auf seiner Trillerpfeife. „Und jetzt Gymnastik!", kommandierte er. Henning zog ein Gesicht. Gym-

nastik! Das machte sonst nur seine Mutter, abends vor dem Fernseher. Das war doch nichts für Fußballer!

Andererseits: Herr Schnürschuh war Torwart im Fußballverein. Und wenn er diesen ganzen Kram mit ihnen machte, dann gehörte das wohl zu einem richtigen Training dazu.

Also setzten sich die Jungen auf den Rasen. „Beine spreizen!", erklärte der Lehrer. „Und mit der Nase auf die Knie: rechts, links, Mitte, rechts, links, Mitte."

Henning ächzte. Gymnastik war ja richtig anstrengend! Und bei seiner Mutter sah das alles immer so leicht aus!

Die Schüler atmeten auf, als Herr Schnürschuh endlich den Ball vom Spielfeldrand holte. Aber wenn sie gedacht hatten, jetzt könnten sie mit dem Kicken loslegen, dann hatten sie sich geschnitten. Herr Schnürschuh war mit seinem Trainingsprogramm nämlich noch lange nicht fertig.

Erstmal war Slalomdribbeln an der Reihe. Der Lehrer machte es vor: „Den Ball immer eng am Fuß führen, und dann den ballführenden Fuß wechseln: rechts, links, rechts, links …" Mit einem Affenzahn dribbelte er durch die Slalomstangen und zurück. Die Jungen staunten.

Als Herr Schnürschuh zweimal durch die Slalomstangen durch war, liefen ihm dicke Schweißperlen die Wangen herunter. Es sah fast so aus, als ob er weinte. „Jetzt ihr", keuchte er und zückte eine Stoppuhr.

Wolle war als Erster dran. Und auf das Kommando „Los!" dribbelte er um die Stangen, was das Zeug hielt. Aber das war gar nicht so einfach. Schon bei der dritten Stange verlor er den Ball. Denn immer, wenn er den Fuß wechselte, machte der Ball, was er wollte.

Wolle zog ein Gesicht, als er zurückkam. Aber dann sah er, dass es Henning und den anderen auch nicht viel besser erging. Von rechts um die Stange klappte prima, aber von links hüpfte der Ball fast allen vom Fuß.

„Ihr seht, dass ihr an der Ballführung noch was tun müsst", sagte Herr Schnürschuh.

Ben dribbelte als Letzter. Henning und Wolle stießen sich an und grinsten. Jetzt sollte der Mädchenliebling mal zeigen, was er draufhatte!

Aber dann kriegten sie ganz große Augen: Ben schob den Ball mühelos von rechts nach links durch die Stangen. Er hatte nicht die geringsten Probleme damit, die Füße abwechselnd zu benutzen. Und als er wieder zurück war, hatte er die beste Zeit.

„1 A", sagte Herr Schnürschuh und blickte zufrieden auf seine Stoppuhr. „So soll es aussehen, wenn ihr es richtig macht." Dann wandte er sich an Ben. „Du bist doch bestimmt Linksfüßer?"

Ben nickte.

„Ein wichtiger Mann für jede Mannschaft", erklärte Herr Schnürschuh der Klasse. „Ein Linksfüßer auf der linken Seite des Spielfelds ist Gold wert."

Eigentlich hätten Wolle und Henning sich freuen sollen, so einen guten Spieler in ihrer Klasse zu haben. Aber es passte ihnen nicht, dass Ben so gut war. Lieber hätten sie gesehen, wenn er wie ein Knickei um die Stangen herumgeholpert wäre.

„Macht auch nichts", raunte Wolle Henning zu. „Wann muss man beim Spiel schon um idiotische Stangen herumdribbeln?"

Danach sollten die Schüler sich in zwei Reihen rechts und links vor dem Tor aufstellen. Von dort aus sollten sie den Ball ins Tor schießen. Und diesmal waren die Jungs echt beeindruckt von ihrem Lehrer. Denn wie die Bälle auch angeflogen kamen: Herr Schnürschuh fischte alle aus der Luft: Ackis Schuss, Hennings, Steffens … Mit einem Siegerlächeln warf er die Bälle wieder zurück. Und diesmal schwitzte er nicht mal.

„Ist der etwa Torwart im Verein?", fragte Ben erstaunt. Wolle, der neben ihm stand, sah ihn nur stumm von oben bis unten an und drehte ihm den Rücken zu. Leute, die seinem besten Freund auf die Backe schlugen, strafte er mit Verachtung. Das sollte der Neue gleich kapieren.

Jetzt war Wolle an der Reihe. Er legte sich den Ball zurecht, nahm Anlauf und drosch ihn mit voller Kraft Richtung Tor. Herr Schnürschuh hechtete nach dem Ball, bekam ihn kurz vor der Linie zu fassen und plumpste dann mitsamt dem Ball rückwärts ins Netz.

„Sauber, Wolle!", schrien Henning und Steffen begeistert auf.

Herr Schnürschuh rappelte sich mühsam wieder auf. „Na ja, der war drin", musste er zugeben und hielt sich das schmerzende Hinterteil.

Endlich kam das Kicken dran. Herr Schnürschuh holte blaue und gelbe Bänder vom Spielfeldrand. Die Jungen sollten sich die Bänder quer über die Schulter streifen, damit man die Mannschaften auseinander halten konnte.

Henning und Wolle bekamen beide Blau. Acki, Steffen und Hermann spielten bei den Gelben mit.

Und dann bekam Ben auch noch ein blaues Band. „Ausgerechnet!", meckerte Henning los. Aber da pfiff Herr Schnürschuh das Spiel auch schon an.

Henning und Wolle machten richtig Dampf. Sie hatten gerade mal noch zehn Minuten bis zum Gong. Das war höllisch kurz! Wenn man da Sieger werden wollte, musste man von Anfang an auf Tempo spielen und vollen Einsatz bringen.

Leider sahen die Gelben das genauso. Henning war mit dem Ball schon kurz vor dem Tor. Aber Acki und Steffen hatten sich in einem granatenmäßigen Sprint vor ihn gesetzt. Acki schlug Henning den Ball weg.

Und jetzt wetzten die Gelben. Aber auch sie kamen nicht bis zum Tor durch. Die Blauen spurteten einfach an ihnen vorbei und bauten sich mit der kompletten Mannschaft in der Abwehr auf. Ein ungenauer Pass, und schon waren die Blauen wieder in Ballbesitz.

So ging das die ganze Zeit hin und her. Keine Mannschaft gab sich eine Blöße, die für die anderen eine Torchance ermöglicht hätte. Jetzt hatte Steffen wieder den Ball und stürmte auf das Tor von den Blauen.

Da kam Ben plötzlich von hinten, grätschte Steffen leicht durch die Beine – und war im Ballbesitz! Sofort düste er mit dem Ball los über die Mittellinie zum gegnerischen Tor. Steffen war so überrascht, dass er dem Ball nicht hinterhersprintete. Aber zwei andere Gegenspieler setzten Ben sofort nach.

Ben versuchte den Ball trotz des Tempos, das er vorlegte, ganz eng am Fuß zu führen. Das Spiel war in der zehnten Minute! Die letzte Chance auf ein Tor!

Da sah Ben plötzlich, dass Henning rechtsaußen vor dem Tor freistand. Er holte aus und schoss den Ball mit voller Wucht, mitten zwischen den beiden Gegenspielern hindurch, Henning genau vor die Füße.

Henning überlegte nicht lang, sondern versenkte den Ball unhaltbar in der linken oberen Ecke. „Ding, dong, dong!"

„Tor!", brüllten die Blauen los und stürzten sich auf Henning. Wolle drückte seinen Freund so fest, dass Henning ganz rot wurde und zu japsen anfing. Herr Schnürschuh pfiff das Spiel ab. „Schluss für heute!"

Da sahen Wolle und Henning aus den Augenwinkeln, dass Ben vom Spielfeld ging. Er trottete ganz allein zur Umkleide. Dabei war *er* es doch gewesen, der die Vorlage zu dem Entscheidungstreffer gegeben hatte!

Wie der Blitz spurteten Wolle und Henning ihm hinterher. „Super Pass, Mann!", sagte Henning, als sie Ben eingeholt hatten.

„Genau!", sagte Wolle.

Ben grinste ein bisschen verlegen. „Super eingelocht!", sagte er dann zu Henning.

„Du musst bei dem Pokalspiel unbedingt mitspielen", bemerkte Wolle. „Dann haben wir den Sieg fast schon in der Tasche."

Ben nickte. „Kein Problem!" Dabei strahlte er übers ganze sommersprossige Gesicht.

Manfred Mai

Das Traumpaar

Gökhan und Michael sind dicke Freunde. In der Schule sitzen sie nebeneinander. Die Nachmittage verbringen sie meistens miteinander. Und beide sind verrückt auf Fußball. Sie spielen in der D-Jugend von Borussia Dortmund und gelten als Traumpaar. Gökhan spielt im Mittelfeld, verteilt die Bälle und bereitet viele Tore vor. Michael kann zwar lange nicht so gut mit dem Ball umgehen wie Gökhan, aber er hat einen tollen Torriecher.

Eines Nachmittags kommt Gökhan mit verheultem Gesicht zum Fußballplatz.

„Was ist denn los?“, fragt Michael.

Gökhan setzt sich wortlos auf den Rasen.

„Nun sag schon!“

„Ich darf nicht mehr bei Borussia spielen“, murmelt Gökhan.

Michael glaubt, nicht richtig gehört zu haben. „Was hast du gesagt?“

„Ich darf nicht mehr bei Borussia spielen!“, schreit Gökhan und heult wieder.

Michael starrt seinen Freund fassungslos an. Ein paar andere Jungen kommen und wollen wissen, was passiert ist.

„Wieso darfst du nicht mehr bei Borussia spielen?", fragt Michael. „Wer sagt denn das?"

„Mein Vater", antwortet Gökhan. „Sie haben einen türkischen Fußballclub gegründet, und jetzt müssen alle türkischen Jungen in diesem Club spielen."

„Ahmet und Dardan auch?", fragt einer der Jungen.

„Alle", wiederholt Gökhan.

„Das geht doch nicht!", ruft einer. „Die können unsere Mannschaft doch nicht einfach auseinander reißen. Ohne euch steigen wir ab."

„Das ist meinem Vater egal", meint Gökhan. „Der will, dass Türken nur noch in türkischen Mannschaften spielen."

Die Jungen stehen ziemlich ratlos herum.

„Und was machst du jetzt?", erkundigt sich einer.

Gökhan zuckt mit den Schultern. „Wenn mein Vater sagt, ich muss in der türkischen Mannschaft spielen, dann muss ich."

Am Abend fragt Michael seine Eltern, ob er mit Gökhan in der türkischen Jugendmannschaft spielen darf.

„Kommt nicht in Frage", antwortet sein Vater.

„Warum denn nicht?"

„Mein Sohn spielt doch nicht bei den Kümmeltürken!"

„Gökhan ist kein Kümmeltürke", wehrt sich Michael. „Er ist mein bester Freund."

„Schlimm genug, dass du solche Freunde hast", meckert der Vater.

„Gökhan ist ein netter Junge", mischt sich jetzt die Mutter ein. „Netter als viele deutsche Jungen."

Der Vater brummelt etwas vor sich hin. Dann sagt er zu Michael: „Du spielst jedenfalls nicht in einer Türkenmannschaft. Damit das klar ist!"

„Aber mein Freund bleibt Gökhan trotzdem!" Damit das klar ist, hätte Michael am liebsten noch hinzugefügt, behält den Satz jedoch vorsichtshalber für sich.

Am nächsten Morgen holt Michael seinen Freund ab und erzählt ihm alles.

„Warum muss es überhaupt deutsche und türkische Mannschaften geben?", fragt Gökhan. „Jeder soll doch spielen, mit wem er möchte."

„Genau", stimmt Michael ihm zu. Er boxt Gökhan leicht auf den Arm. „Wir spielen wieder zusammen in einer Mannschaft, das versprech' ich dir."

Gökhan nickt. „Spätestens bei Borussia in der Bundesliga." Er zwinkert. „Als das Dortmunder Traumpaar Gökhan und Michael."

Moni Bräunstrom

Tsatsiki, Karate oder Schmusetanz –
Ein richtiger Junge

„Läuse!", heulte Mama und blieb so plötzlich stehen, dass die Frau hinter ihr sie mit ihrem Einkaufswagen rammte.

„Läuse", wiederholte Mama. „Lass mal sehen!" Sie riss Tsatsiki die Mütze ab und beugte sich über ihn. „Igitt, wie eklig!"

„Alle in der Klasse haben Läuse", sagte Tsatsiki stolz. „Victor hat so viele, dass man sie herumhüpfen sehen kann. Sieht man das bei mir auch?"

„Ich glaub, ich muss spucken!" Mama zog ihre Hand zurück und die Frau hinter ihr machte einen Schritt rückwärts.

„Warum das denn?", fragte Tsatsiki.

„Aber begreifst du denn nicht?", sagte Mama kläglich. „Vielleicht hab ich auch welche. Hilfe, mein Haar … Es juckt jetzt schon!"

Mama kratzte sich hysterisch am Kopf. Sie hatte sich die Haare wachsen lassen. Die reichten ihr bis auf den Rücken und sie hatte Locken drin. Das fand sie wilder. Wild auszusehen, das war gut für eine Rebellin, dachte sie. Tsatsiki fand, sie sah aus wie ein rothaariger Engel. Sie warf eine Tube Kaviarpaste in den Einkaufswagen und stellte sich bei der Kasse an.

„Und das Essen?", fragte Tsatsiki.

„Heute gibt's nur Eier auf Kaviarpaste", sagte Mama. „Wer hat an so einem Tag Zeit zum Kochen? Jetzt gehen wir nach Hause und suchen nach den Läusen."

„Dann brauchst du einen Läusekamm", sagte Tsatsiki. „Das hat die Schulschwester gesagt. Sonst kriegt man sie nicht. Und Läuseshampoo … Warte mal, hier …"

Er wühlte in seinem Rucksack und holte einen Zettel heraus, den die Lehrerin den Kindern mitgegeben hatte.

Mama schauderte beim Anblick der vergrößerten Laus auf dem Zettel. Die sah aus wie ein Monster aus dem Weltall. Tsatsiki fand das aufregend. Er konnte es gar nicht erwarten, nach Hause zu kommen und mit dem Läusekamm gekämmt zu werden. Er hoffte, dass er viele Läuse hatte. Die würde er in einer Streichholzschachtel einsperren und sie für einen Läusezirkus zähmen.

„Das heißt Flohzirkus", sagte Mama.

„Mit Läusen geht das bestimmt auch", sagte Tsatsiki. „Hast du schon welche gefunden?"

Mama hatte eine Lampe mit starkem Licht aufgestellt, den Küchenfußboden mit weißem Papier ausgelegt und fing an, Tsatsiki zu kämmen. Ganz fest!

„Aua!", sagte er. „Das tut weh."

„Es hilft nichts", sagte Mama mit zusammengebissenen Zähnen. „Wenn auch nur eine Laus da ist, die muss weg!"

Sie zog den Läusekamm durch seine Haare, bis seine Kopfhaut feuerrot war, aber keine einzige Laus fiel aufs Papier. Mama fand nur Nissen. Nissen sind Läuseeier. Das war ein Zeichen, dass Tsatsiki auf jeden Fall eine Laus gehabt hatte.

„Die ist jetzt wahrscheinlich zu dir rübergesprungen", sagte er, um Mama zu ärgern.

„Sag so was bloß nicht", bat Mama und riss ihm ein Haar aus. „Aua!", schrie Tsatsiki. „Was machst du denn da?"

„Ich hol die Nissen raus", sagte Mama angeekelt.

„Nimm doch die Haarschneidemaschine", schlug Göran vor. „Das geht schneller, als wenn du Haar um Haar ausreißt."

„Prima Idee", sagte Mama. „Dass ich nicht gleich darauf gekommen bin."

„Niemals!", schrie Tsatsiki. „Ich will lange Haare haben."

„Aber als ich das wollte, da wolltest du kurze Haare haben", sagte Mama.

„Das war damals", sagte Tsatsiki. „Jetzt wollen Per Hammar und ich eine Rockband gründen, und da muss man lange Haare haben. Du hast doch auch lange Haare."

Tsatsiki, Mama und Göran hatten zum dritten Mal eine Läusewäsche über sich ergehen lassen. Mamas teure Locken hatten sich in einen knisternden Reisigbesen verwandelt.

„Jetzt siehst du wirklich wie eine wilde Rebellin aus", tröstete Göran sie.

Die Wohnung war geputzt, Tsatsikis Schmusetiere waren alle in einen schwarzen Abfallbeutel gestopft und die Betten waren frisch bezogen. Wenn man sich die Haare bürsten wollte, musste man sich die Haarbürste aus dem Tiefkühlfach holen.

Für einen Jungen ist es anstrengend, sich die Haare wachsen zu lassen. Das Läusekämmen tat weh und die Lehrerin meckerte in jeder Stunde, dass ihm die Haare in die Augen hingen. Als ob Tsatsiki das nicht selber wüsste – er sah ja fast nichts! Mädchen konnten sich Spangen in die Haare stecken oder die Haare hochbinden, aber Jungen nicht. Per Hammar hatte es versucht, aber er war ausgelacht worden.

Am schlimmsten war es beim Fußball. Der Trainer ärgerte sie die ganze Zeit und nannte sie Mädchen. Am gemeinsten war er zu Tsatsiki. Beim letzten Training, als Per Hammar krank war, hatte der Trainer Tsatsiki in den Umkleideraum der Mädchen geschubst. Da drinnen war eine ganze, halb nackte Fußballmannschaft gewesen. Große Mädchen mit Brüsten. Sie haben Tsatsiki ausgelacht und der Trainer auch. Tsatsiki hat geweint. Da hat der Trainer sich entschuldigt und gesagt, dass er doch nur Spaß gemacht habe. Aber Tsatsiki hat ihm nicht verziehen. Er hasste den Trainer. Und er hasste Fußball.

„Dann hör doch damit auf", sagte Mama.

Das wollte Tsatsiki aber auch nicht, richtige Jungen spielten doch Fußball. Per Hammar war ein richtiger Junge, obwohl er lange Haare hatte. Für ihn war Fußball das Leben. Aber für Tsatsiki nicht. Schon seit der Zweiten, als er in die Mannschaft gekommen war, wollte er eigentlich aufhören.

„Wenn du erstmal richtig spielen kannst, macht es dir Spaß", tröstete ihn Großvater. „So ist das mit allem."

Bei Tsatsiki war das anders. Er lernte weder den Bombenschuss quer über den Fußballplatz, noch lernte er dribbeln. Deshalb fand der Trainer, Tsatsiki sollte lieber als Torwart spielen.

„Okay", hatte Tsatsiki gesagt.

Das erste Mal war er bei einem Match im Frühjahr Torwart gewesen. Viele waren zum Zugucken gekommen. Tsatsiki fand das toll, er fühlte sich wie ein Star und winkte dem Publikum zu. Besonders zwei hübschen Mädchen, die nah beim Tor standen.

Er musste sie sehr oft anlächeln und versuchte tough und stark auszusehen. Da kicherten die Mädchen so mädchenhaft, dass Tsatsiki ganz schwach in den Knien wurde und vergaß, wozu er eigentlich da war. Genau den Moment nutzte die gegnerische Mannschaft und schoss ein Tor. Das war geschummelt, fand Tsatsiki. Zehn Bälle ließ er durch, dann durfte er nicht mehr Torwart sein.

Da nur sieben Spieler auf dem kleinen Feld sein konnten, sie aber vierzehn in der Mannschaft waren, gab es immer sieben Ersatzleute. Der Trainer entschied, wer draußen blieb. Die Einzigen, die immer spielen durften, waren Per Hammar, Marcus und Freddan. Sie waren die Stars der Mannschaft. Die Einzigen, die nie spielen durften, waren Tsatsiki und Kalle. Kalle konnte nicht so viel laufen, er war zu dick. Der Trainer hatte ihm befohlen, er solle abnehmen, aber Kalle dachte gar nicht daran. Er aß viel zu gern Süßigkeiten. Jetzt saß er da und saugte an einem Lutscher.

Überhaupt nicht spielen dürfen war noch schlimmer als zu spielen. Tsatsiki gähnte.

Der Trainer brüllte die anderen an. „Los, Jungs!", schrie er. „Gebt's ihnen!"

Tsatsiki ging während des laufenden Spiels quer über den Platz zu Mama und Göran, die an der einen Schmalseite standen.

„Warum spielst du nicht mit?", fragte Mama.

„Weil ich zu schlecht bin", antwortete Tsatsiki.

„Du bist doch nicht schlecht", sagte Mama. „Was soll der Blödsinn?"

„Doch, ich bin wirklich schlecht", sagte Tsatsiki. „Das ist ein wichtiges Spiel. Wenn wir das gewinnen, kommen wir ins Endspiel."

„Ihr seid doch erst neun Jahre alt", sagte Mama. „Da spielt man doch nur, um Spaß zu haben."

„Nein", sagte Tsatsiki. „Man spielt, um zu gewinnen."

Es stand 7:7, als Per Hammar ein Zuspiel bekam und über den Platz preschte. Er schlug einen Pass auf Marcus, der an seinem Gegenspieler vorbeidribbelte und den Ball zu Per Hammar zurückspielte. Der schoss in die rechte untere Ecke. – Tor!

„Yes!", schrie Tsatsiki. Wenn er doch so gut wäre wie Per Hammar! Dann würde er in die Nationalmannschaft kommen und der Trainer würde ihn anflehen zurückzukommen. Aber das würde Tsatsiki nicht tun. Dann würde sich der Trainer für den Rest seines Lebens schwarzärgern.

Das Spiel endete 8:7 und damit hatten sie das Endspiel erreicht. Der Trainer sah trotzdem wütend aus. Er kam auf Tsatsiki zu.

„Warum hast du dich eingemischt?", schimpfte er. „Wir hätten ja verlieren können und du wärst schuld gewesen. Es waren zu viele auf dem Platz. Kapierst du das nicht? Du hast die falsche

Einstellung, meine Kleine. Wenn man in einer Mannschaft ist, dann ist man drin, auch wenn man nicht mitspielen darf."

Tsatsiki griff nach Görans Hand.

„Vergiss nicht, dass du mit meinem Jungen redest", sagte Göran und blies sich auf. „In einem anderen Ton, wenn ich bitten darf."

„Erstens ist Tsatsiki kein Mädchen", sagte Mama.

„Und zweitens ist er erst neun Jahre alt."

„Eben", sagte der Trainer. „Vielleicht sollte er sich einen anderen Sport suchen, ehe es zu spät ist."

„Wieso zu spät?"

„Na ja, er wird älter. Man muss früh anfangen, wenn man etwas werden will."

„Er ist erst neun Jahre alt", wiederholte Mama. „Darf man nicht Fußball spielen, wenn man kein Profi werden will?"

„Nicht in dieser Mannschaft", sagte der Trainer.

„Was ist das denn für eine Einstellung?", sagte Göran. „Sport soll Spaß machen."

„Genau", sagte Mama. „Pass bloß auf, dass dir der Ball nicht im Hals stecken bleibt."

„Jetzt mach aber mal einen Punkt", sagte der Trainer. „Wenn du in der Mannschaft wärst, dann…"

Dann müsste Mama auf der Bank sitzen. Tsatsiki hatte das genau verstanden.

„Bin ich aber nicht", sagte Mama.

„Ich auch nicht", sagte Tsatsiki. „Ich bin nämlich gerade aus der Mannschaft ausgetreten."

Jo Pestum

Tobi und die rosa Teufel

Am Samstag trafen sie sich zum ersten Training mit der neuen Trainerin. Cordula hatte einen piekfeinen Jogginganzug an, der war leuchtend rosa und hatte an den Nähten seegrüne und himmelblaue Streifen. Doch nicht dieser Anzug war es, der Tobi und die anderen vor Entzücken kreischen ließ, sondern der neue Fußball. Cordulas Geschenk an die Mannschaft! Dass sie den rotweißen Ball aus dem Sportartikelgeschäft mitnehmen durfte, weil er im Lager ein paar Kratzer abbekommen hatte und daher unverkäuflich war, verriet sie nicht.

„Bessere Bälle haben die Profi-Klubs auch nicht", stellte Jonas fachmännisch fest. „Kommt, wir machen ein Spielchen!"

„Von wegen!", sagte Cordula hart. „Jetzt will ich erstmal testen, wie ihr körperlich so drauf seid. Stellt euch hintereinander auf zum Waldlauf! Wir beginnen ganz langsam. Und schön federn in den Gelenken!"

Besonders fröhliche Gesichter machten sie nicht, als sie nun zum Waldrand zockelten und dann in den düsteren Hohlweg einbogen. Viel lieber hätten sie nämlich den neuen Ball ausprobiert.

„Ihr seid nicht elastisch genug!", rief Cordula. „Locker, locker! Ich sehe schon, mit eurer Fitness ist es nicht weit her. So stocksteife Spieler können natürlich nicht gewinnen. Da haben wir noch eine Menge Körperschulung zu treiben. Macht mir jetzt alles genau nach, hört ihr?"

Cordula, die große Sportlehrerin, setzte sich an die Spitze ihrer Schützlinge. Mal spurtete sie eine kurze Strecke, mal ließ sie die Mannschaft auf der Stelle hüpfen und Arme und Beine ausschlenkern. Dann gingen alle wie stelzende Störche auf den Zehenspitzen, ließen Köpfe und Schultern rollen und streckten die Arme hoch, als wollten sie nach den Wolken greifen.

„Viel lockerer! Viel lockerer!", rief Cordula immer wieder. Sie war ganz eindeutig unzufrieden mit der Kondition der sechs Fußballer.

Liegestütze und Butterwiegen, Schubkarre und Armekreisen: Nichts wurde ausgelassen. Beim Weitsprung aus dem Stand stolperte Stöpsel über eine Baumwurzel und kullerte den Hang hinunter. Zuerst wollte er heulen, doch er überlegte es sich noch einmal und beschloss, lieber zu lachen. Harte Fußballspieler weinen doch nicht!

Cordula verkündete: „Jetzt sprechen wir mal über Ernährungsfragen."

Hilfe!, dachte Tobi und zog sich das Hemd über das Gesicht. Ich glaube, mein Goldfisch brüllt! Er ahnte, was nun kommen würde. Cordula war nun einmal ganz scharf auf gesunde Ernährung.

„Ihr seid nicht gut in Form", sagte Cordula. „Wer richtig fit sein will, muss sich vor allem richtig ernähren. Ab jetzt ist Schluss mit speckigen Würsten und fetten Fritten und Weißbrot. Ist das klar?"

Jonas widersprach. „Fußballspieler müssen doch kräftig sein!"

„Kräftig, ja", antwortete Cordula und schaute dabei besonders Tobi und Jonas an, „aber nicht dick. Ich werde euch einen

Ernährungsplan aufstellen. Jeder, der sich nicht daran hält, fliegt aus der Mannschaft. Sportlernahrung ist jetzt angesagt: Müsli, Reis, Rohkost, Vollkornbrot …"

„Gemein!", rief Jonas dazwischen. „Alles so Sachen, die ich nicht mag. Ich esse am liebsten Hefeknödel mit Bratensoße und Schokoladenpudding."

„So siehst du auch aus." Cordula blieb unerbittlich. „Alle müssen sich an meinen Ernährungsplan halten. Basta!" Sie zeigte auf einen abgesägten Baumstamm. „Hockt euch mal da hin! Wir haben eine Menge zu besprechen. Eine Mannschaft braucht eine einheitliche Spielkleidung. Das ist für die Spieler und für die Zuschauer wichtig. Für welche Farbe entscheiden wir uns?"

„Lila", schlug Rita vor.

„Das ist doch 'ne Omafarbe!" Pitter war ganz entschieden gegen lila. „Irgendetwas Schockfarbenes brauchen wir, damit unser Gegner Angst vor uns kriegt."

„Rosa!", schrie Jonas. Er zeigte mit sämtlichen Fingern aufgeregt auf sein pinkfarbenes T-Shirt mit dem Donald-Duck-Kopf vorne drauf. „Rosa wär astrein! Und wo ich schon ein rosa Trikot habe und wo der Jogginganzug von Cordula auch schön rosa ist … Also, ich bin für rosa."

„Ich habe einen rosa Pulli", sagte Elisabeth.

Stöpsel krähte: „Die Jacke von meinem Schlafanzug ist orange! Orange ist ja auch fast rosa."

„Die Sache ist entschieden", erklärte Cordula. „Jeder sorgt dafür, dass er was Rosanes auftreibt. Hemd oder Bluse oder so."

„Wir nennen uns dann rosa Büffel." Jonas kam in Fahrt. „Die rosa Büffel von Oberbillerbach. Das klingt stark."

Aber damit war Rita nicht einverstanden. „Büffel? Das hört sich nach Bolzerei an. Wir sind doch elegante Techniker, oder?"

„Aber was Gefährliches muss es trotzdem sein", Jonas ließ nicht mit sich handeln. „Rosa Mustangs, wie findet ihr das?"

Tobi hatte dann die Idee, die alle prima fanden: „Die rosa Teufel!" Er klatschte sich selber Beifall.

„Jetzt brauchen wir aber noch einen Schlachtruf", forderte Cordula sie auf. „So etwas hebt das Zusammengehörigkeitsgefühl. Das schweißt zusammen. Alle richtigen Mannschaften haben so einen Kampfschrei. Weiß einer von euch was Passendes?"

Pitter meldete sich. „Zicke-zacke, Hühnerkacke, hoi, hoi, hoi!"

„Ist doch albern", sagte Elisabeth.

Stöpsel dachte eifrig nach. Das konnte man sogar an seinem Gesicht sehen. Und dann platzte er heraus: „Wir spielen auf Sieg! Wir haben uns lieb! Piep-piep-piep!"

Cordula lachte. „Sieg und lieb, das reimt sich doch nicht."

„Aber schlecht klingt es wirklich nicht", meinte Rita.

Tobi schlug vor: „Wir versuchen's mal, ja?"

Also versuchten sie es. Im Kreis stellten sie sich auf und steckten die Köpfe zusammen. Cordula hielt die flache Hand hin, und die sechs Fußballspieler schlugen mit ihren Händen auf die Hand der Trainerin. Dazu schrien sie gemeinsam:

„Wir spielen auf Sieg!

Wir haben uns lieb!

Piep-piep-piep!"

Das hallte markerschütternd durch den Wald, und das fanden sie alle sehr beeindruckend. Stöpsel wuchs mindestens um zehn Zentimeter vor Stolz.

„So, das haben wir auch erledigt", sagte die Trainerin Cordula zufrieden. „Jetzt üben wir noch ein bisschen Bockspringen, damit ihr nicht einrostet."

„Aber dann spielen wir mit dem neuen Ball!" Jonas konnte es kaum erwarten, seine Schusskraft vor Cordulas Augen zu beweisen. Rumpfbeugen und Hüftenrollen und Rumgehopse: So etwas machte ihm keinen Spaß.

„Gut", entschied Cordula, „zum Abschluss des heutigen Trainings machen wir noch ein Spielchen."

Sie brachten die Bockspringerei rasch hinter sich und rannten zum Fußballplatz zurück. Tobi ging auf seinen Torwartposten. Rita, Jonas und Stöpsel spielten gegen Elisabeth, Pitter und die Trainerin. Natürlich nahmen sie solch ein Spielchen auf ein Tor nicht ganz ernst. Doch sie dribbelten und schossen und kombinierten fast wie beim richtigen Wettkampf und lachten dazu.

Was für ein herrlicher Ball!

Tobi streichelte ihn geradezu, wenn er ihn zum Abstoß zurechtlegte. Elisabeth täuschte und trickste mit dem neuen Ball, der war astrein unter Kontrolle zu halten. Jonas donnerte noch härtere Volleyschüsse auf Tobis Gehäuse.

Trainerin Cordula war trotzdem noch längst nicht zufrieden mit der körperlichen Wendigkeit, dem Zusammenspiel und der Spielübersicht ihres Teams. Das blinde Anrennen auf das Tor, das planlose Gefummel, die unnötigen Zweikämpfe: Das alles musste abgestellt werden. Sie ordnete Dehnübungen an, ließ Freilaufen und Spiel ohne Ball trainieren, versuchte mit ihren Schützlingen, das

Doppelpassspiel und die Steilpässe in den freien Raum zu verbessern. Da kamen Rita, Pitter, Stöpsel, Elisabeth und Jonas mächtig ins Schwitzen und auch Tormann Tobi hatte nichts zu lachen.

„Ihr guckt beim Dribbeln immer auf den Ball", kritisierte die Trainerin. „Man muss unten den Ball führen und oben einen freien Blick für die Gegner und die Mitspieler haben. Alles andere ist Gurkerei."

So etwas sagte sich natürlich leicht, doch wie sollte die kleine Truppe der Oberbillerbacher das alles üben? Cordula wollte Gartenpfähle wie Slalomstangen in den Boden des Aschenplatzes rammen, aber erstens war der Untergrund zu hart und zweitens durfte man den schlechten Belag des Spielfeldes nicht noch mehr ruinieren.

Pitter schlug vor, man könne Abfalleimer und Mülltonnen aufstellen, die sollten dann die gegnerischen Spieler sein, die es mit technisch einwandfreien Dripplings zu umspielen galt. Cordula fand das aber nicht gut genug. Sie meinte, Abfallkübel hätten keine Ausstrahlung, da sei es leicht, den Ball dicht am Fuß zu führen, wenn man so eine Tonne umkurvte.

Die entscheidende Idee hatte Jonas. Es war nicht seine Schuld, dass aus dieser Idee eine Katastrophe wurde. „Mir ist was eingefallen!", rief er. „Gartenzwerge! Was ist mit den Gartenzwergen aus Kosidowskis Garten? Das sind doch so Rieseneumel. Die kann man leicht für gegnerische Spieler halten."

Ehe Cordula ihre Bedenken äußern konnte, sausten ihre Spielerinnen und Spieler schon los. Sie kletterten über den Gartenzaun, drangen unhörbar wie Apachen in das Dickicht von Anton Kosidowskis Bauerngarten ein und schlichen sich zwischen Himbeerbüschen und Kürbisbeeten hindurch an die Keramikzwerge ran, die überall im Gelände herumstanden. Bauchhoch waren diese Superzwerge. Manche hielten Schaufeln oder Laternen oder Spitzhacken in den Händen, andere hatten putzige

Rehlein oder mümmelnde Häschen an den Beinen kleben. Gemeinsam hatten sie das alberne Grinsen im Gesicht.

„Pssst!", zischte Rita. „Merkt euch genau die Stellen, wo die Knilche gestanden haben, damit wir hinterher wieder die richtigen Plätze finden. Der olle Kosidowski kann ganz schön gefährlich werden."

Aus dem Haus tönte Fernsehgebrabbel. Anton Kosidowski war also abgelenkt. Jeder Fußballer schnappte sich hurtig einen Gartenzwerg und schleppte ihn zum Gartenzaun. Leicht war es nicht, die Figuren über den Zaun zu wuchten. Stöpsel biss sich vor lauter Aufregung fast die Zunge ab. Doch sie schafften es und johlend trugen sie ihre Beute zum Bolzplatz hinauf.

„Die gucken alle wie die Spieler aus Unterbillerbach!", rief Jonas. „Richtig schön doof!"

Cordula fühlte sich offensichtlich nicht wohl in ihrer Haut. Sie spürte, dass dieser erste Trainingsnachmittag böse enden würde. Und genauso war es auch.

Sie hatten die bunten Zwerge hintereinander mit ungefähr einem Meter Abstand aufgebaut. Elisabeth, die elegante Dribblerin, machte den Anfang. Sie umkurvte geschickt die Gartenzwerggegenspieler, führte den Ball dabei dicht am Fuß und gab sich große Mühe, den komischen Grinsern in die Augen zu schauen.

Jonas wollte das alles noch schneller schaffen als Elisabeth. „Auf geht's!", brüllte er und umspielte den Zwerg mit der grünen Zipfelmütze. Doch er hatte einen derart mächtigen Schwung, dass ihm der Ball vom Spann sprang und er selber mit voller Wucht gegen Gartenzwerg Nummer zwei knallte. Der hatte plötzlich keinen Kopf mehr, kippte nach rückwärts und traf zusammen mit dem fliegenden Jonas gegen den Zwerg mit dem Reh, dem knickte der Arm ab und das Reh schlitterte über den Aschenbelag. Ja, und dann kullerten alle sechs Zwerge durch die Gegend, bei jedem war irgendwas abgebrochen. Und mitten in dem Scherbenhaufen lag Jonas und blutete aus der Nase.

Cordula hielt sich die Augen zu.

Tobi dachte: Ich glaube, mein Nashorn zirpt! Das darf doch nicht wahr sein! „Rote Karte für Jonas!", schrie er. Ihm war zum Lachen und zum Heulen zugleich zumute. „Jonas hat sechs Gegenspieler gefoult!"

Wie aufgescheuchte Hühner wirbelten die rosa Teufel umher. Was war da nur zu tun? Rita wischte dem verdatterten Jonas das Blut aus dem Gesicht. Pitter wetzte los, um Klebstoff zu holen. Stöpsel fing an, die abgefallenen Brocken einzusammeln und zu dem jeweils passenden Gartenzwerg zu legen: Ohren, Laternen, Nasen, Zipfelmützen … Elisabeth stocherte mit den Fingern verzweifelt in ihrem Struwwelhaar herum.

„Schöne Bescherung!", stöhnte Tobi. „Richtig wie Weihnachten."

Später halfen alle eifrig mit, die Figuren wieder zusammenzuflicken. Das gelang nur sehr, sehr schlecht. Hier fehlte eine halbe Hand, dort war ein Hinterkopf zu Mehl zerbröselt. Nein, putzig wirkten die Zwerge nun wirklich nicht mehr. Und hatten sie nicht auch aufgehört zu grinsen?

„Der Klebstoff muss erst hart werden", mahnte Pitter.

Doch darauf warteten sie nicht. Wie geprügelte Hunde trugen sie die verunzierten Wichtelmänner zu Kosidowskis Garten zurück, zerrten sie zu den angestammten Plätzen und hofften inständig, dass der alte Mann sie nicht erwischte. Dem würden bestimmt noch die Augen aus dem Kopf fallen!

An diesem Abend steckten die rosa Teufel kleinlaut und mit schlechtem Gewissen die Köpfe zusammen und schlugen mit den Handflächen in die Hand der Trainerin. Jämmerlich hörte es sich an, als sie ihren Kampfruf flüsterten:

„Wir spielen auf Sieg!

Wir haben uns lieb!

Piep-piep-piep!"

Christina Koenig

Pia am Ball

Pia schaut auf ihre Armbanduhr. „Nur noch vier Minuten bis zur großen Pause", stellt sie erleichtert fest. „Ob Jonas wohl heute mein Freundschaftsbuch mit hat?"

Pia schielt rüber zu Jonas, der angeregt mit seinem Banknachbarn tuschelt.

‚Seit einigen Tagen hat Jonas nur noch Zeit für Philipp', denkt Pia eifersüchtig.

Sie schaut wieder auf die Uhr. Nur noch drei Minuten!

Sonja, Pias beste Freundin, sehnt wohl auch die Pause herbei. Jedenfalls liegt ihre Brotdose schon griffbereit auf ihren Knien. Sonja hat immer Hunger. Pia eigentlich nie. Oder fast nie.

Als es endlich klingelt, drängeln Pia und Sonja mit den anderen auf den Schulhof. Dort wimmelt es nur so von Kindern. Alle genießen die milde Frühlingsluft und laufen wie wild auf dem Schulhof hin und her.

Arm in Arm schlendern die Freundinnen über den Schulhof.

Pia hält Ausschau nach Jonas. Jonas ist wie vom Erdboden verschwunden. So war das schon gestern, vorgestern und vorvorgestern auch.

‚Schade', überlegt Pia. ‚Die Pausen sind echt langweilig geworden ohne ihn.' Sonst haben sie immer zusammen gespielt oder sich die neuesten Witze erzählt.

Aber damit war plötzlich Schluss, weil Jonas in den Pausen seit neuestem unsichtbar ist.

„Siehst du Jonas irgendwo?", fragt Pia nun Sonja, die gerade in einen Apfel beißt. Sonja hört kurz auf zu kauen und lässt ihren Blick über den Schulhof schweifen. „Nö. Keine Spur von Jonas", nuschelt sie. „Derek und ein paar andere sind übrigens auch nicht da."

Pia findet das merkwürdig.

„Vielleicht sind sie krank?", versucht Sonja das Rätsel zu lösen.

„Quatsch", antwortet Pia. „Jonas und Philipp waren doch eben noch in der Klasse!"

Da hat Pia allerdings Recht.

„Vielleicht gehen sie ja heimlich rüber zur Eisdiele", überlegt Sonja weiter. „Das machen die aus der Hauptschule doch auch immer! – Neulich haben da zwei geknutscht."

Pia läuft es kalt den Rücken hinunter und ihre Laune verschlechtert sich schlagartig. Vor ihren Augen entwickelt sich ein fürchterliches Bild: Jonas steht mit der hübschen Mara aus der Hauptschule in der Eisdiele und knutscht. Dass Mara fast zwei Köpfe größer ist als Jonas, stört Pia dabei überhaupt nicht. „Du bist so süüüß …", hört sie Jonas in Maras Ohr flüstern. „Willst du mit mir gehen?" Pia zerfetzt das Bild vor ihren Augen. „Das würde Jonas nie tun!!", ruft sie aus. Entschlossen schlägt sie die

Richtung zur Eisdiele ein. „Du bist so süß …", echot es in ihren Ohren. „Sooo süüüß …"

Als sie an den Zwillingen aus der 4b vorbeikommen, die wieder einmal eines ihrer undurchschaubaren Hüpfspiele spielen, fragt Pia: „Habt ihr Jonas oder Hardy gesehen?"

Die Mädchen schütteln den Kopf und grinsen.

„Jonas soll mir nur mein Freundschaftsbuch zurückgeben", stellt Pia schnell klar, um eindeutigen Gerüchten vorzubeugen.

Jetzt nur noch an der hohen Hecke vorbei, dann haben sie freien Blick auf die Eisdiele.

‚Was tun, wenn die Jungs tatsächlich drüben sind?', überlegt Pia. ‚Eigentlich ist es doch verboten …'

Ein lautes „Fauuul!" reißt Pia aus ihren Gedanken. Und noch einmal schreit da jemand wie am Spieß: „Fauuul!!" Pia horcht auf. ‚War das nicht Jonas' Stimme? Na klar!'

„Faul?", fragt Pia und schaut Sonja verdutzt an. „Seit wann interessiert sich Jonas für vergammeltes Obst?"

Sonja kichert. „Das kam vom Sportplatz", antwortet sie und sucht eine Lücke in der dichten Hecke, die den Schulhof vom Sportplatz trennt. Die Mädchen trauen ihren Augen nicht. Dort also sind die Jungen versammelt!

Eine schnaufende Horde schwitzender Leiber verfolgt gerade Dieter und versucht ihm den Ball abzuknöpfen.

„Fußball spielen die also", stellt Pia fest und kommt sich vor wie eine Kriminalkommissarin, die soeben einen schwierigen Fall gelöst hat.

In dem Moment stolpert Dieter und stürzt. Seine Verfolger können nicht rechtzeitig stoppen und fallen auf den aufheulenden Dieter drauf. Zwei andere Jungen gesellen sich in hohem Bogen dazu, als sie dem jammernden Haufen ausweichen wollen.

Pia und Sonja biegen sich vor Lachen. „Echt gute Pausenunterhaltung!", prustet Pia. „Ha! Ha! Ha! Da kann man nicht meckern!"

Die Jungen rappeln sich auf und sehen sich wütend um. „Wer lacht denn da so blöd?", ruft Dieter erbost und droht mit der Faust.

Die Mädchen halten sich die Hand vor den Mund und beobachten gespannt, wie der schwarz-weiße Lederball nun unbeachtet über den Platz kullert.

„Los, den schnappen wir uns", flüstert Pia ihrer Freundin zu. „Ich hab auch Lust auf Fußball!"

Flink wie die Wiesel huschen die Mädchen die Hecke entlang. Sekunden später spurtet Pia mit dem Ball unterm Arm quer über den Platz. Gefolgt von der prustenden Sonja.

„Ey, ihr Ziegen, gebt den Ball zurück!", ruft Dieter empört. „Das hier ist Fußball und kein Weiberschnickschnack!"

In wilder Jagd setzt er Pia nach.

‚Dieter ist so frech wie er doof ist', denkt Pia und läuft im Zickzack Richtung Tor. Dann überlegt sie es sich anders. Sie lässt Dieter ganz nah herankommen, so dass er sie fast einholt und rennt jedes Mal kurz vor seiner Nase wieder los. „Hol dir den Ball doch, wenn du ihn willst!", ruft sie ihm dabei frech zu.

Dieter gibt sein Bestes, die Ballräuberin zu erwischen.

Sonja hat sich in der Zwischenzeit zu den Jungen gesellt und sieht dem Schauspiel belustigt zu. Allen ist klar, dass Dieter gegen Pia keine Chance hat. Sie ist eine der schnellsten Läuferinnen der Schule und so leicht nimmt es keiner mit ihr auf!

Nach der Pause haben sie Rechnen. Pia schreibt einen Zettel an Clara und Anne. Die beiden müssen unbedingt erfahren, was in der großen Pause los war. ‚Ob sie wohl auch Lust auf Fußball haben? Das wär doch was!', wünscht sich Pia.

Als der Brief bei Clara und Anne ankommt, zeigen sie Pia ihre hoch gestreckten Daumen. Das bedeutet: Geht klar. Wir machen mit!

In der nächsten Pause traben Pia, Sonja, Clara und Anne ohne Umschweife zum Sportplatz. Als die Mädchen gut gelaunt auf den Platz laufen, erstarren die Jungen regelrecht zu Salzsäulen.

„Hey, wir wollen trainieren!", ruft Jonas ungehalten. „Da könnt ihr nicht einfach über den Platz laufen!"

„Wieso denn nicht?", fragt Pia. „Wir können doch mitspielen!"

„Wir trainieren doch für die Meisterschaften!", erklärt Marcel beschwörend. „Da könnt ihr nicht mitmachen!"

„Wieso denn nicht?", fragt Clara verständnislos. „Wir können doch auch dafür trainieren."

Die Jungen lassen nicht mit sich reden.

„Gehört der Platz etwa euch?", fragt Anne schließlich bockig.

„Darum geht es doch gar nicht", stöhnt Philipp. „Aber *wir* sind nun mal die Schulmannschaft. Nicht ihr. Da müsst ihr euch nächstens melden, bevor das Team zusammengestellt wird!"

„Was heißt hier vorher melden? Die Mädchen sollen uns bloß in Ruhe lassen", fällt ihm Dieter ins Wort.

Pia überhört Dieters Kommentar. „Wir wussten doch gar nichts von dem Team oder irgendwelchen Meisterschaften. Uns hat niemand was davon gesagt", versucht sie die Situation zu retten.

Die Mädchen nicken zustimmend.

„Wir haben doch sonst immer zusammen gespielt", wendet sich Sonja Hilfe suchend an Hardy. „Und beim Fußball auf einmal nicht mehr?"

Hardy zuckt ratlos mit den Schultern.

„Mädchen bringen nur alles durcheinander", warnt Derek, Dieters bester Freund.

„Genau!", pflichtet Dieter ihm bei. „Frauen und Fußball passen nicht zusammen. Das ist wie Frauen und Seefahrt …"

„Ihr seid richtig doof und altmodisch!", entgegnet Anne ruppig und wendet sich beleidigt ab.

Aber die Jungen bleiben stur.

Wolfgang Brenneisen

Andy, der Fußball-Joker

Özkan marschierte voraus und ich folgte ihm in die Umkleidekabine.

„Das ist Andy", stellte er mich den Jungen vor, die mich noch nicht kannten. „Er will mal bei uns ins Training reinschnuppern. Ist ein Spitzenfußballer."

Die einen sagten nichts, ein paar sagten: „Hallo" und ein Junge maulte: „Wir haben doch schon genug Leute!"

„Genau!", pflichtete ihm Ralf bei, den ich erst jetzt entdeckte, als er sich vor seinem Spind zum Raum hin umdrehte.

„He, so eng darf man das doch nicht sehen." Özkan schüttelte den Kopf. „Er will ja nur mal probeweise – na ja, und dann kann man ja weitersehen."

Die wenigsten kümmerten sich um mich. Nur die aus meiner Klasse schienen was dagegen zu haben, dass ich mitmachte. Das heißt, eigentlich nur einer, nämlich Ralf.

„Der Trainer trifft die Entscheidung", meinte Torwart Tobias schließlich diplomatisch. Ralf zuckte mit den Schultern und wandte sich ab.

„Los, zieh dich um, Andy", forderte Özkan mich auf. „Wir gehen gleich raus auf den Platz."

Jetzt war die Frage – das T-Shirt oder mein altes Trikot? Ich hatte ja beides mit. Am Ende entschied ich mich für das blau-weiße Trikot mit der Aufschrift „FV Cloppenburg". Die sollten ruhig sehen, dass ich kein blutiger Anfänger war.

Die Jungen besorgten sich ein paar Bälle und gingen auf den Sportplatz. Ich folgte mit Özkan. Vom Trainer war noch nichts zu sehen. Komisch. Da war ich von meinem alten Verein anderes gewöhnt. In Cloppenburg stand der drahtige Kerl von einem

Trainer immer schon bereit wie ein Menschenfresser und sofort rollte ein strammes Programm ab. Na ja, ich würde mich mal überraschen lassen.

Özkan, ein anderer Junge und ich bildeten ein Dreieck und spielten uns den Ball zu. Das Ballgefühl verbessern, hatte mein alter Trainer dazu immer gesagt.

„Ah, da kommt er ja", raunte mir Özkan jetzt zu und deutete an den Rand des Feldes. „Herr Kugler, unser Trainer."

Ich drehte mich um. Heiliger Strohsack! Das sollte der Trainer sein? Ein kleiner, rundlicher Mann mit Bierbauch watschelte auf den Platz, sportlich wie eine Ente. Er hatte eine alte, ausgebeulte Trainingshose an. Immerhin baumelte eine Trillerpfeife auf seiner Brust und er kam auch in Fußballstiefeln. Trotzdem, mein Opa sah sportlicher und fitter aus als dieser so genannte Trainer.

„Hallo, Jungs", rief Herr Kugler, „ich sehe, ihr habt schon mit dem Training angefangen. Vorbildlich. Und was ist heute das Motto des Tages?"

„Der Ball ist rund!", rief Ralf grinsend.

„Richtig, B-Junior, der Ball ist rund, wie unser großer Bundestrainer Sepp Herberger gesagt hat, der Mann, mit dem die deutsche Nationalmannschaft –"

„– Weltmeister wurde", ergänzte Tobias.

„Im Jahre?"

„1954", rief ich.

„Stimmt", bestätigte Herr Kugler und wandte sich zu mir um. „Nanu? Das ist doch ein neues Gesicht?"

Er musterte mich von oben bis unten und las dann laut vor: „FV Cloppenburg. Sieh mal einer an. Da hab ich doch früher ganz in der Nähe gespielt, in meiner aktiven Zeit. Die Cloppenburger – ganz schön schwierige Gegner damals. Und heute?"

„Sind immer noch ganz gut", sagte ich selbstbewusst.

„Hört, hört! Aber ich glaube, ich brauche da eine Erklärung. Wir sind doch hier in Aarburg, oder nicht? Was macht denn ein Spieler vom FV Cloppenburg bei uns?"

Da Özkan mich mitgebracht hatte, meinte er wohl eine Erklärung abgeben zu müssen.

„Andy ist neu in unserer Klasse. Er will hier auch wieder Fußball spielen. Und er ist ein super Rechtsaußen."

Herr Kugler faltete die kurzen Arme über seinem Bauch und sah mich noch neugieriger an. „Ein Neuzugang?", fragte er.

„Ich will ihn überreden", sagte Özkan. „Sie haben doch immer gesagt, unsere rechte Spitze muss einfach stärker werden."

„Das muss sie auch, wenn ihr Meister werden wollt", nickte Herr Kugler. „Wollt ihr das, Jungs?"

Ein einstimmiges „Jaaa!" ließ die Torpfosten wackeln.

„Das ist die richtige Einstellung." Herr Kugler grinste. „Aber andererseits –"

„Wir haben doch schon einen Rechtsaußen", warf Ralf ein.

„Du sagst es", bestätigte Herr Kugler. „Wir haben doch unseren Sebastian." Er ließ die Augen über uns schweifen. „Moment mal, ich seh ihn gar nicht. Wo ist er denn?"

Achselzuckend sahen sich die Jungen an. Ich kannte diesen Sebastian ja nicht, aber anscheinend war er nicht da. Einer von den Jungen druckste herum.

„Was ist los, Frank? Raus mit der Sprache", meinte Herr Kugler.

„Also, es kann sein, dass er noch im Schwimmbad ist, er hat gesagt, bei der Hitze würde er lieber schwimmen gehen ...", sagte Frank zögernd.

Herr Kugler kniff die Augen zu und strich sich langsam mit der Hand über die Stirn. „Lieber schwimmen? Dann sollte er in eine Wasserballmannschaft eintreten!" Die Jungen grinsten. Einige Mienen waren finster geworden.

„Dann sieht es ja ganz danach aus, als ob heute die Position des Rechtsaußen noch frei wäre", stellte Herr Kugler fest. „Wir können also froh sein, dass ein Ersatzmann vom FV Cloppenburg gekommen ist."

„Ich spiel aber nicht mehr für meinen alten Verein", erklärte ich. „Ich bin abgemeldet."

„Umso besser. Hat jemand was dagegen, dass Andy mitspielt? Ein paar von euch kennen ihn ja sogar schon aus der Schule."

Keiner hatte unter diesen Umständen was dagegen, nicht einmal Ralf.

„So, dann wollen wir mal ernsthaft anfangen", sagte Herr Kugler. „Ich wette, ihr habt wieder das Stretching zum Aufwärmen vergessen!"

Hatten wir natürlich nicht, nur hatten wir keine Lust dazu gehabt. Jetzt staunte ich, wie gelenkig Her Kugler war, als er mit der ersten Übung anfing. Das sah man ihm bei seinem Kugelbauch gar nicht an.

Alle machten ganz willig mit, wobei der Trainer nicht sehr viel herumkommandieren und schreien musste. Ziemlich anders als bei unserem alten Schinder in Cloppenburg. Nach dem Stretching wurde Dribbeln und Ballannahme trainiert. Herr Kugler trieb uns nicht an wie ein Sklavenhalter. Er war immer freundlich, lachte viel, lobte – und tauchte wieselflink an allen Ecken und Enden auf. Also konnte man sich auch nicht hängen lassen!

Wenn er uns was Neues zeigen oder einen Tipp geben wollte, hatte er auch seine eigene Methode. Er befahl nicht, sondern er machte Vorschläge.

„Man kann den Ball auch mit dem Kopf annehmen, Andy", sagte er zum Beispiel einmal.

Dann zeig mal, ob du das selbst kannst, dachte ich und spielte ihm den Ball ziemlich hoch zu. Und tatsächlich, der Oldie schaffte es. Super. Von dem konnte ich wohl doch noch etwas lernen.

Nach einer Viertelstunde rief Herr Kugler: „So, das reicht, Jungs. Was ist nämlich das Wichtigste beim Training?"

Wir sahen ihn erwartungsvoll an und zerbrachen uns die Köpfe. „Was meint Kugel denn jetzt?", brummte einer der Jungen. „Seinen Lieblingsspruch haben wir doch schon abgehakt heute."

„Das Wichtigste beim Trainieren ist – das Spielen!", trompetete Herr Kugler. Mit lautem Freudengeheul stoben wir auseinander. Bis plötzlich ein scharfer Pfiff ertönte.

„Halt, halt, erstmal die Mannschaftsaufstellung." Und nun wurden wir eingeteilt.

Endlich wieder Fußball spielen auf einem richtigen Sportplatz, das war natürlich super. Ich kam schnell ins Spiel und ich wurde auch nicht mehr geschnitten. Es lief wie geschmiert. Ein Treffer glückte mir zwar diesmal nicht, aber immerhin schaffte ich einen Lattenschuss. Hätte auch leicht ein Tor sein können.

Kugler trabte an der Seitenlinie auf und ab. Er gab wenig Anweisungen, beobachtete uns aber so scharf wie ein Mäusebussard.

„Andy, du warst gar nicht so schlecht, dafür dass du ganz neu im Team bist", stellte er am Ende fest. „Aber du spielst doch noch ein bisschen eigensinnig. So was kenn ich bei Spielern, die gut sind. Du musst zuerst an die Mannschaft denken und dann an deine eigenen Heldentaten. Verstanden?" Ich nickte. Dabei hatte ich bloß zeigen wollen, was ich konnte. Na ja.

„Andy wär doch ein guter Rechtsaußen für unser Team", sagte Özkan jetzt. Alle hatten sich nach Ende des Trainings um Herrn Kugler geschart.

„Ich würde mich freuen", bestätigte der Trainer. „Aber da gibt es ja noch ein paar andere Dinge zu bedenken. Einige Formalitäten und so weiter." Er wandte sich direkt an mich.

„Wie ist das denn, willst du wieder in einen Verein? Und darfst du überhaupt? Sind deine Eltern einverstanden?"

„Na klar doch!", rief Özkan.

„Moment mal, Özkan", ermahnte ihn Herr Kugler. „Du kannst wohl kaum für Andy sprechen und schon gar nicht für seine Eltern, oder? Wie sieht's aus, Andy? Glaubst du, dass deine Eltern zustimmen und den Mitgliedsbeitrag zahlen?"

Zahlen würden sie schon, wenn ich erst mal wieder die Erlaubnis zum Spielen hätte. Wenn, wenn, wenn! Blöder Mist.

„Doch, das geht schon in Ordnung", sagte ich mit so fester Stimme wie möglich.

„Abgemacht!", rief Herr Kugler. „Na, Jungs, dann werden wir dieses Jahr vielleicht doch noch Meister."

Manfred Mai

Wir holen den Pokal

Nach dem Abendessen blieben sie in der Jugendherberge, schauten im Fernsehen die Sportsendungen an und spielten miteinander. Bis Herr Butz auf die Uhr zeigte: „Es ist jetzt halb zehn vorbei. Ihr habt einen anstrengenden Tag hinter euch und morgen ein Spiel vor euch. Ich möchte nicht, dass ihr wie Schlafwandler über den Platz geistert. Deshalb macht ihr euch jetzt bettfertig und um zehn liegen alle in der Falle."

Vanessa, Larissa und ein paar andere versuchten zwar, ihm noch eine halbe Stunde abzuhandeln, aber Herr Butz blieb hart. Also lagen um zehn Uhr alle im Bett. Aber geschlafen wurde noch lange nicht.

Am nächsten Morgen brachten die Mädchen und Jungen kaum die Augen auf. Auch nach zweimaligem Wecken blieben einige in den Betten liegen. Sie wollten auf das Frühstück verzichten und dafür lieber noch eine Runde schlafen.

„Kommt nicht in Frage", sagte Herr Butz und schickte alle unter die Dusche, wo sie sich den Mief der vergangenen Nacht abbrausen sollten.

Eine halbe Stunde später kamen Flori, Igor und Andi als Letzte in den Frühstücksraum geschlurft. So richtig wach schienen die drei immer noch nicht zu sein.

„Bei euch war ja gestern Abend noch schwer was los", sagte Herr Waiblinger schmunzelnd. „Aber solche Dinge gehören einfach dazu, das war schon in meiner Jugend so."

Die Kinder hatten weder Lust zu reden, noch wollten sie Geschichten aus Herrn Waiblingers Jugend hören. Deshalb verlief das Frühstück ziemlich ruhig.

„Ihr müsst eure Sachen gleich zusammenpacken und mitnehmen", sagte Herr Waiblinger. „Wir kommen nämlich nicht mehr zurück."

Um halb zehn saßen alle im Bus, der sie zur Anlage des FC Bayern München an der Säbener Straße brachte. Dort durften sie den Profis beim Training zuschauen. Als sie den Bayernstars so nahe waren, wachten auch die Letzten richtig auf. Serdal, Alex, Pisa und Larissa, die größten Bayern-Fans, wären am liebsten auf den Platz gelaufen, um noch näher bei ihren Vorbildern zu sein.

„Die trainieren ja gar nicht richtig", stellte Flori fest. „Die joggen nur ein bisschen herum und dehnen sich."

„Die hatten gestern ein schweres Spiel", erklärte Herr Butz, „deswegen ist heute nur leichtes Training angesagt."

„Warum bleiben sie dann nicht gleich im Bett?", brummte Andi.

„Weil das für den Körper schlecht wäre", antwortete Herr Butz. „Die Muskeln und Sehnen müssen bewegt werden. Nach dem Training gibt es dann noch Massagen."

„Und wer massiert mich?", fragte Andi.

Darauf antwortete niemand.

Obwohl das Training wirklich nicht sehr aufregend war, schauten die Jungen und Mädchen interessiert zu. Bis auf Ketschup, dessen Augen mehr bei Anne als bei den Bayernspielern waren. Aber das bemerkte Anne nicht.

„Wird Zeit, dass ihr euch umzieht und ein wenig bewegt", sagte Herr Butz. „Sonst lauft ihr nachher wirklich wie Schlafwandler über den Platz."

Sie suchten eine Umkleidekabine, als ihnen ein Mann entgegenkam und fragte: „Seid ihr die D-Jugend aus Winterhausen?"

„Genau", antwortete Herr Waiblinger.

„Dann kommt mal mit", sagte der Mann. „Ich zeige euch, wo ihr euch umziehen könnt."

Unterwegs entdeckten sie auf einem der Plätze lauter kleine Bayernspieler.

„Die haben ja genau die gleichen Trikots und Hosen an wie die Großen", flüsterte Anne.

„Hoffentlich spielen sie nicht so gut, wie sie aussehen", sagte Pisa.

„Macht euch doch nicht gleich in die Hosen", erwiderte Andi. „Die haben alle nur zwei Beine wie wir."

Auch Herr Butz versuchte in der Kabine die Jungen und Mädchen zu beruhigen, hatte allerdings wenig Erfolg.

Obwohl es in dem Freundschaftsspiel um nichts ging, wirkten die meisten in den ersten Minuten völlig verkrampft. Selbst die einfachsten Dinge misslangen, und so war es kein Wunder, dass der FC Bayern schon nach neun Minuten 2:0 führte.

„Bewegt euch, bietet euch an und lasst den Ball laufen!", rief Herr Butz.

„Dennis, du nimmst die Nummer sechs. Larissa, du musst enger decken!"

Die Jungen und Mädchen strengten sich an und langsam wurde ihr Spiel besser. Sie konnten zwar das 0:3 nicht verhindern, aber sie wollten sich auch nicht einfach abschießen lassen. Und Sekunden vor dem Halbzeitpfiff erzielte Recep nach einem Zuspiel von Anne den Anschlusstreffer.

„Prima!", lobte Herr Butz seine Mannschaft. „In den letzten Minuten habt ihr sehr gut mitgehalten, da war kaum noch ein Unterschied zu sehen."

„Ich hab ja gleich gesagt, sie sollen sich nicht in die Hosen machen", meckerte Andi.

„Du warst auch nicht besser als wir", sagte Recep.

„Am Anfang wart ihr alle ziemlich nervös", beschwichtigte Herr Butz. „Das ist kein Wunder, schließlich spielt ihr ja nicht jede Woche gegen Bayern München. Aber in der zweiten Halbzeit zeigt ihr denen mal, was ihr wirklich könnt!"

Das taten sie und vor Schluss kamen die Profis vom Trainingsplatz. Einige blieben stehen und schauten den Kleinen zu. Als Andi nach einem schönen Doppelpass mit der aufgerückten Vanessa das 2:3 gelang, bekamen die beiden von Kahn und Co Beifall. Da platzte Andi fast vor Stolz.

Der FC Bayern legte noch mal zu, erzielte das 4:2 und durch einen Elfmeter auch noch das 5:2.

Nach dem Schlusspfiff waren die Winterhausener zwar ein wenig enttäuscht, weil sie verloren hatten. Aber die Enttäuschung hielt nicht lange an, denn sie wurden von allen Seiten gelobt.

„Alle Achtung", sagte Oliver Kahn. „Dass unsere Kleinen Fußball spielen können, wissen wir. Aber was ihr hier gezeigt habt, war schon toll."

So ein Lob aus dem Mund eines Nationalspielers machte die 2:5-Niederlage völlig unwichtig.

Auch der D-Jugend-Trainer des FC Bayern München nickte

anerkennend. „Ihr habt wirklich eine sehr gute Mannschaft. Zwei oder drei von euch könnten wir bei uns gut gebrauchen."

„Wen?", rutschte es Andi heraus.

„Denk mal scharf nach."

„Im Denken bin ich nicht so gut wie im Fußball", sagte Andi. Da mussten alle lachen.

Nachdem sie geduscht hatten und umgezogen waren, trafen sich die beiden Mannschaften zum Mittagessen. Ketschup ließ Anne keine Sekunde aus den Augen und setzte sich wie zufällig auf den Stuhl neben sie.

Es gab Spagetti mit Fleischklößchen und Salat.

„Schmeckt gut", sagte Ketschup zu Anne, obwohl er statt der Soße lieber Ketschup an den Spagetti gehabt hätte.

Anne sah ihn an und flüsterte: „Fehlt nur das Ketschup."

Das war für Ketschup wie eine Liebeserklärung.

Während sie aßen, ging die Tür auf. Mehmet Scholl, Oliver Kahn und Carsten Janker kamen herein. Larissa fiel ein Fleischklößchen aus dem Mund, Serdal ließ die Gabel fallen.

„Hallo!", sagte Mehmet Scholl. „Dürfen wir bei euch mitessen?"

„Aber natürlich", sagte Herr Waiblinger. „Es ist uns eine Ehre."

Oliver Kahn setzte sich auf den freien Platz neben Franz. Carsten Janker schob einen Stuhl zwischen Pisa und Macke.

„Da sind ja drei hübsche Mädchen", sagte Mehmed Scholl und zwinkerte. „Ich setz mich zu euch – wenn ich darf", fügte er schnell hinzu.

Die Kinder aus Winterhausen konnten es kaum fassen. Da saßen drei Nationalspieler zwischen ihnen, als sei es das Natürlichste der Welt! Und sie redeten mit ihnen wie ganz normale Menschen. Zum Schluss schrieben alle drei noch Autogramme auf Karten, T-Shirts und Arme. Die Mädchen und Jungen waren überglücklich. Das war der schönste Tag in ihrem Leben.

Katja Reider

Eine große Überraschung

„Verdammt, könnt ihr euch eigentlich vorstellen, dass einer einfach keinen Bock hat auf euren blöden Fußball?"

Wie ein Irrer tritt Sven in die Pedale. Pfeilschnell zieht sein Sportrad an mir vorbei. Seine Stimme überschlägt sich fast, als er sich zu mir umdreht: „Ich habe das alles so satt! Lasst mich doch endlich …"

Mitten auf dem Weg liegt ein großer Stein. Schon knickt das schmale Vorderrad von Svens Fahrrad zur Seite. Und ich höre seinen Schrei, der die Luft durchteilt. In hohem Bogen stürzt Sven über den Lenker und bleibt reglos am Boden liegen.

Blitzschnell springe ich ab, werfe mein Rad achtlos zur Seite. Das Blut rauscht in meinen Ohren.

„Sven, Sven, sag doch was!"

Endlich ein leises Stöhnen. Sven versucht den Kopf zu heben, lässt ihn aber gleich wieder sinken.

„Warte, bleib ruhig liegen! Ich hole Hilfe!"

„Mein … mein Kopf … und der Fuß." Ich kann Sven kaum verstehen. Sein linker Fuß ist merkwürdig verdreht.

„Ich glaube, der ist gebrochen", sage ich leise. „Das tut bestimmt weh, oder?"

Sven nickt, aber dann … Das gibt's doch gar nicht! Sven grinst leise.

Unsicher schaue ich auf ihn hinunter. „Was hast du?", frage ich.

„Jetzt fragt mich wenigstens erstmal keiner mehr, ob ich Fußball spielen will", sagt Sven leise.

„Wie ... wie meinst du das denn?"

Plötzlich habe ich einen Kloß im Hals. Ich spüre, dass hinter Svens Worten mehr steckt. Dass er mir etwas sagen will. Etwas Wichtiges.

Sven starrt an mir vorbei in den Himmel. „Ich hasse Fußball. Ich hasse dieses Rumgerenne, das Geschrei, die Fans, das Training, die Pokale, alles. Einfach alles!"

Ungläubig starre ich Sven an. „Das kann doch nicht wahr sein!" Wieder dieses bittere Grinsen.

„Ist es aber! Weißt du, dass ich in meinem ganzen Leben noch nie Fußball gespielt habe?"

Ich verstehe überhaupt nichts mehr. „Aber was ist denn mit den Fotos in ,Fußball aktuell' und den anderen Zeitschriften?", stammle ich. „Da steht doch überall, dass du mit deinem Vater jeden Tag ..."

Sven winkt ab. „Das ist doch alles gestellt."

Ich komme mir vor wie ein Idiot. „Aber warum macht ihr so was?"

Sven schließt einen Moment lang die Augen. „So kriegt eben jeder, was er will: der Journalist seine Geschichte und mein Vater den fußballbegeisterten Sohn, den er immer haben wollte. Wenigstens auf Zeitungspapier."

„Und deine Mutter?"

„Ach, meine Mutter hält sich da raus. Die hat doch längst kapiert, dass sich bei uns zuhause alles nur um meinen Vater dreht."

Sven verzieht das Gesicht. Er hat Schmerzen. Ich weiß, dass ich schon längst hätte Hilfe holen müssen. Aber ich will Sven jetzt nicht unterbrechen. Jetzt, wo er endlich mal alles rauslässt.

Sven spricht weiter: „Weißt du, so lange ich zurückdenken kann, dreht sich bei uns alles nur um Fußball. Das nächste Spiel. Das nächste Tor. Der nächste Vertrag. Gehen wir nach Barcelona? Oder nach Turin? Oder doch nach Bochum? Mich fragt keiner, ob ich Lust habe, schon wieder umzuziehen."

„Aber so hast du doch schon unheimlich viel von der Welt gesehen", wende ich ein.

„Was habe ich denn gesehen?", unterbricht mich Sven. „Teure Hotels und dicke Häuser und immer wieder nette Leute. Wenn es mir endlich einigermaßen gefiel, sind wir schon wieder umgezogen." Er sieht mich an. „Kannst du dir vorstellen, wie das ist, überhaupt keine richtigen Freunde zu haben? Wenn jeder nur mit dir zusammen sein will, weil du der Sohn von einem Superkicker bist?"

Hilflos sehe ich ihn an. „So habe ich das nie gesehen. Ich … ich habe dich beneidet. Ich dachte, dass wir dir einfach zu doof sind."

„Wie ein Marsmännchen habt ihr mich angeguckt. Aber das kenne ich ja. Inzwischen bemühe ich mich auch gar nicht mehr dazuzugehören. Wenn ich mich von Anfang an aus allem raushalte, ist es nicht so schwer, wieder Abschied zu nehmen, verstehst du?"

Klar verstehe ich. Alles, was Sven erzählt, erscheint mir so einleuchtend. Wieso bin ich nicht selbst darauf gekommen, dass das Leben als Sohn eines Superkickers nicht pure Sahne ist?

Renate Welsh

Julie auf dem Fußballplatz

Endlich konnte Julie gehen. Sie rannte den ganzen Weg.

Um halb drei kam sie keuchend beim Stadion an. Es waren noch kaum Leute da. Das Spiel begann um halb vier. Es war ein Freundschaftsspiel, da gab es nicht so ein Gedränge um die besten Plätze vorne an der Absperrung. Aber Julie sah gern zu, wie die Menschen hereinkamen, wie sie einander begrüßten.

Sie kannte viele schon lange vom Sehen: Den Großen mit der spiegelnden Glatze und dem einen Haarbüschel rechts oben. Die Frau, die immer ein ganzes Einkaufsnetz voller Butterbrote mit sich schleppte und allen Umstehenden Kaffee aus ihrer Thermosflasche anbot. Die vier Buben, die ihren Fußball mitbrachten und ihn abwechselnd hochhielten, als wollte der auch zuschauen. Den Eisverkäufer und den Mann, der nie ohne Schirm und Regenmantel und Kofferradio unterwegs war ...

Im Stadion kannte sie sich aus. Hier war Julie lieber als zu Hause.

Da kam Herr Ascher. Er trug eine Schachtel unter dem Arm. „Servus, Julie.“

Herr Ascher war nett, richtig nett. Er hatte früher selbst Fußball gespielt. „Damals haben wir noch umsonst gespielt. Da war kein Geld drin. Wir waren schon froh, wenn sie uns die Fahrt gezahlt haben zu einem Auswärtsspiel und ein Essen hinterher. Aber Spiele waren das, ich sage dir, Spiele ...“

Herr Ascher hatte in einer Schuhfabrik gearbeitet. Jetzt war er in Pension.

„Rat einmal, was ich da habe.“ Herr Ascher klopfte leicht auf die Schachtel.

„Keine Ahnung.“

„Na, rate doch."

„Ich kann so schlecht raten."

Herr Ascher machte ein geheimnisvolles Gesicht.

„Magst du schauen?"

Natürlich wollte Julie schauen.

„Den Moritz habe ich da." Herr Ascher hob den Schachtel-
deckel an.

Auf einer Unterlage aus trockenem Gras lag eine Schildkröte.

Herr Ascher klopfte auf den Panzer.

Der Schildkrötenkopf reckte sich hoch auf seinem faltigen
Hals.

„Servus, Moritz."

Moritz hob den Kopf noch höher. Herr Ascher gab ihm ein
Salatblatt. Moritz riss ein kleines Stück ab und mampfte.

„Ich habe gedacht, ich nehme ihn mit, damit er an die frische
Luft kommt", erklärte Herr Ascher. „Außerdem wird es ihm sicher fad so ganz allein zu Hause, er kennt sich ja noch nicht so
gut aus. Ich habe ihn erst seit zwei Wochen. Er hat unserer Haus-
meisterin gehört. Die haben sie in ein Heim gesteckt, da hat sie
ihn nicht mitnehmen dürfen. Sie war ganz verzweifelt, die Frau
Wimmer. Da habe ich halt gesagt, ich nehme ihn. Sie hat gemeint,

mir überlässt sie ihn ohne große Sorgen. Na ja, einmal in der Woche besuche ich sie draußen im Heim, und der Moritz kommt mit."

Julie fuhr mit dem Finger das Muster auf dem Schildkröten-panzer nach.

„Der hat ein Muster wie ein Fußball", stellte sie fest.

Herr Ascher nickte.

„Ja. Jetzt, wo du es sagst … Stimmt genau. Da ist der Moritz ja jetzt am richtigen Platz. Siehst du, wahrscheinlich war er mir deswegen von Anfang an so sympathisch."

Herr Ascher und Julie lachten miteinander.

Das war das Schöne an Herrn Ascher. Er lachte einen nie aus. Er lachte immer mit einem.

Er hob Moritz aus der Schachtel. Die Beine mit der ledrigen Haut ruderten in der Luft. Es sah aus, als spreizten sich die Ze-hen.

Herr Ascher setzte Moritz ins Gras.

„Schau dich ein bisserl um. Vielleicht findest du einen Käfer oder sonst was Gutes."

„Ich hab' geglaubt, die fressen nur Salat und so", sagte Julie.

Das war noch etwas Schönes an Herrn Ascher. Man konnte ihn ruhig fragen, wenn man etwas nicht wusste. Er freute sich, wenn er Antwort geben konnte, und wenn er keine Antwort wusste, dann sagte er es. Man brauchte sich nie zu schämen.

„Die Landschildkröten fressen hauptsächlich Pflanzen", sagte Herr Ascher. „Aber ab und zu ein netter kleiner Happen Fleisch ist ihnen auch recht."

Moritz marschierte los, viel schneller, als Julie erwartet hatte. Sein Kopf wackelte nach rechts und nach links. Plötzlich blieb er stehen, sein Kopf stieß nach unten.

„Jetzt hat er sicher was gefressen", sagte Julie. „Aber was?"

„Wie ihn ihn kenne, verrät er uns das nicht", sagte Herr Ascher. „Aber wer weiß, vielleicht lerne ich ihn noch näher kennen."

Julie überlegte, ob Moritz nicht davonlaufen würde.

Herr Ascher meinte, so dumm sei er nicht.

Die Spieler liefen auf den Platz.

Die Zuschauer klatschten und pfiffen und schrien.

Julie klatschte und pfiff und schrie mit. Hier war ihre Stimme nicht leise.

Das Spiel war von Anfang an schnell. Beim ersten Vorstoß der gegnerischen Mannschaft hielt Julie den Atem an. Als Bobo den Rechtsaußen austrickste und ihm den Ball abnahm, spürte sie, wie die Luft aus ihr pfiff wie aus einem Luftballon. Sie hüpfte und schrie und war glücklich.

Als der Pausenpfiff kam, war Julie müde vor Aufregung.

Herr Ascher kaufte zwei Paar Würstel. Ein Paar bekam Julie, das zweite Paar teilte er mit Moritz. „Schau, er frisst schon aus der Hand", sagte Herr Ascher. „Er wird noch ganz zahm. Ich glaube, er fühlt sich wohl hier."

Julie reichte Moritz auch ein Stück Wurst.

Es war ein komisches Gefühl, wie er die Wurst aus ihrer Hand nahm.

Einer von den Leder-Jonnys ging vorbei.

Herr Ascher nannte diese Burschen nur so, wenn keiner in der Nähe war.

In der Pause fürchtete sich Julie vor ihnen. Nicht so sehr, wie sie sich draußen vor ihnen fürchtete. Aber doch ein wenig.

Während des Spiels fürchtete sie sich nicht.

Außer vielleicht vor einem Tor der Gegner.

Die vielen Schlüssel am Hosenbund des Rockers klirrten.

Er wiegte sich in den Hüften beim Gehen. Der Adler auf dem Rücken seiner Lederjacke sah aus, als schlage er mit den Flügeln. Plötzlich drehte sich der Leder-Jonny um.

„Was hast du denn da, Opa?", fragte er und zeigte auf Moritz.

Auf seinem Handrücken war eine Pistole tätowiert.

Julie bekam Herzklopfen. Sie hätte sich am liebsten hinter Herrn Ascher versteckt.

Herr Ascher sagte: „Eine Schildkröte." Es klang, als hätte er gesagt: „Du bist aber schön dumm, wenn du das nicht erkennst."

Julie erwartete irgendetwas Furchtbares.

Aber der Leder-Jonny grinste nur und sagte: „Hoffentlich hat sie auch Eintritt bezahlt." Er ging weiter. Seine Stiefelabsätze klickten auf dem Betonweg.

Julie wäre gern aufs Klo gegangen, aber dazu hätte sie in dieselbe Richtung gehen müssen, in die der Leder-Jonny verschwunden war.

Herr Ascher setzte Moritz wieder auf den Grasstreifen. Moritz wanderte auf und ab.

„Vielleicht sollten Sie ihm doch eine Leine kaufen", sagte Julie.

Das Spiel begann wieder.

Julie vergaß, dass sie aufs Klo musste.

Sie vergaß überhaupt alles.

Sie sah nur den Ball und die Spieler.

Ein Fehlpass der Gegner, Karl zu Hoffmann, Hoffmann zu Mirko, und ...

„Tor!"

Julie hüpfte hoch, brüllte mit den anderen. Irgendwer schlug ihr auf die Schulter. Sie hätte gern jemanden umarmt.

Dann gelang dem Gegner das Anschlusstor.

Jetzt ist es aus, dachte Julie. Das schaffen wir nicht mehr.

Zweimal donnerte der Ball gegen die Latte.

„Müde Bande!", schimpfte einer.

Einer begann auf einer Plastikpfeife zu pfeifen.

Die Buben pfiffen schrill auf zwei Fingern.

Julie musste wieder aufs Klo.

Dann kam plötzlich noch einmal Leben ins Spiel. Roman schoss, wurde angerempelt, fiel hin, der Ball aber flog quer übers Feld, Hoffmann spielte Karl zu, Karl trickste den Langen

aus, Franz köpfte zu Bobo, der Torhüter warf sich dem Ball entgegen, aber der war nicht zu halten.

Gleich darauf war das Spiel aus.

Die Zuschauer in Julies Sektor gingen das ganze Match noch einmal durch.

Zwei alte Herren schrien einander an.

„Aber natürlich war das ein Abseits!"

„Keine Rede davon."

„Ich hab' doch noch Augen im Kopf."

„Vielleicht brauchst du eine neue Brille."

Sie funkelten einander böse an. Der eine drehte sich um und stapfte davon. Der andere ging möglichst weit weg von ihm.

Die hinausströmende Menge trieb sie wieder zusammen.

Herr Ascher sagte zu dem Mann mit der Glatze: „Für den Anfang der Saison war's ja nicht schlecht, aber ihren Stil haben die Burschen noch nicht gefunden."

Julie war nicht sicher, was er meinte.

Der Mann mit der Glatze nickte. „Man hat fast das Gefühl, dass die Spieler einander noch nicht so ganz kennen. Da spielt noch jeder zu sehr für sich. Oder er tut, was ihm der Trainer gesagt hat, aber er weiß nicht so genau, warum er's tut."

„Bei uns damals ..." Herr Ascher begann von Spielen zu erzählen, die vor dem Krieg ausgetragen worden waren. Die meisten Spieler von damals waren tot. Aber Herr Ascher schilderte die Spiele so, dass Julie beim Zuhören Herzklopfen bekam. Dann wurden sie zum Ausgang geschoben.

Herr Ascher verabschiedete sich von einer ganzen Reihe von Leuten.

Julie winkte und lief weg.

*E*s war merkwürdig, aber außerhalb des Stadions konnte sie nicht mit den Leuten vom Sektor N reden. Auch nicht mit Herrn Ascher.

Sie schlängelte sich durch die Menge, machte sich ganz schmal. Nur weg von da.

Dieselben Menschen, mit denen sie im Stadion geschrien und gejubelt und gezittert hatte, kamen ihr draußen fremd vor. Sie fürchtete sich richtig vor ihnen, nicht nur vor den Anhängern der gegnerischen Mannschaft, die jetzt zornig und enttäuscht waren.

Julie lief ein Stück auf der Fahrbahn, bis ein Polizist sie auf den Gehsteig zurückscheuchte, dann bog sie in eine Seitengasse ein.

Als sie heimkam, war sie völlig verschwitzt.

Hiltraud Olbrich

Eins zu null für Bert

Es wird gleich regnen, denkt der Junge mit dem Kinderwagen. Gott sei Dank wird es gleich regnen. Dann trainieren sie nicht, dann wird es nicht auffallen, wenn ich wieder nicht dabei bin.

Bert schiebt den Wagen schneller. Vater wird es freuen, wenn ich schon eingekauft habe, überlegt der Junge.

Seit Berts Mutter fort ist, fährt der Vater nur noch Nachtschicht im großen Schacht auf der Zeche: als Schachthauer, Nacht für Nacht. Nachmittags schläft er. Dann ist Bert da, hilft im Haushalt und achtet auf den Kleinen.

Und deswegen kann Bert nicht mehr zum heiß geliebten Fußballspiel in den Klassenklub, deswegen muss er das Training auslassen, und deswegen wird er wieder Ärger bekommen, ganz bestimmt.

Aber es geht nicht anders, das weiß Bert. Es wird sich erst ändern, wenn seine Mutter wiederkommt. Hoffentlich kommt sie bald!

Manchmal bedrängt der Gedanke den Jungen, wie lange das noch gut gehen wird. Was ist, wenn sie sich einen anderen Torwart nehmen, einen, der immer zum Training kommt?

Das Einkaufsnetz zieht wie ein Bleigewicht an Berts Arm. Der Junge hält den Kinderwagen an. Vorsichtig schiebt er die Beinchen des schlafenden Bruders zur Seite, schafft Platz für das Netz.

Als sich Bert dann aufrichtet, sieht er sie plötzlich, alle zehn.

Ratlos zieht er die Unterlippe durch die Zähne. Jetzt haben sie mich.

Und natürlich sehen sie ihn. Sie kommen direkt auf ihn zu, die ganze Fußballmannschaft. Bedrohlich heben sich ihre Körper vom gelben Horizont ab. Dann bleiben sie stehen, bilden geschickt einen Halbkreis um Bert mit dem Kinderwagen: eine wütende, schweigende Mauer.

Wie ruhig es plötzlich ist. Bert versucht an seinen Klassenkameraden vorbeizuschauen. Wenn irgendjemand käme! Aber kein Mensch außer ihnen ist zu sehen, eine leere, ausgestorbene Straße. Ausgerechnet jetzt.

Was werden sie tun? Berts Blick sucht in ihren Gesichtern. Es wird Keile geben, das steht fest. Man belügt nicht ungestraft den Klub, man lässt den Klub nicht im Stich. Das ist eiserne Regel.

„So, so!" Martin, der Lange, wippt herausfordernd auf den Zehenspitzen. „Mal wieder auf Omas Beerdigung, was?"

Ein Stein trifft Berts Schienbein. „Zum Training zu faul, aber spazieren gehen!" Frank, den sie den Bär nennen und den alle fürchten, steht direkt neben Bert. Der Junge kann den Atem des anderen spüren. Krampfhaft schaut Bert geradeaus.

Jetzt wissen sie es, denkt er gequält. Jetzt wissen sie, dass ich sie immer belogen habe. Immer, wenn ich nicht zum Training komme.

Alles Mögliche hat Bert als Entschuldigung angegeben: Arztbesuch, Beerdigung, wichtige Fahrt in die Kreisstadt. Alles mögliche, nur nicht die Wahrheit.

„Au", Bert stöhnt auf. Der Bär hat Berts Arm gepackt und dreht ihn nach hinten um. Ein Spezialgriff. Man kommt nicht aus ihm heraus. Mit einem kurzen Ruck reißt der Bär den Arm hoch. Der Schmerz zieht heftig durch Berts Körper.

„Sag endlich, was du dir dabei gedacht hast!" Noch dichter tritt der Bär an Bert heran. „Uns so anzulügen!"

Bert beißt sich auf die Lippen und schweigt. Sie würden ihn doch nicht verstehen.

„He, bist du schwerhörig? Wo warst du jedes Mal?" Irgendjemand aus der Menge ruft es. Irgendjemand. Bert weiß nicht, wer. Die Gesichter verschwimmen vor seinen Augen. Ihm ist, als sprächen sie alle mit einer Stimme, aus einem einzigen riesigen Maul. Das Maul eines Raubtiers, das jeden Augenblick bereit ist zuzuschnappen.

Berts Arm schmerzt. Noch mehr aber verletzen ihn die verächtlichen Blicke der Jungen. Sie zeigen es deutlich. Sie wollen ihn nicht mehr. Aus ist's mit dem Klub – vorbei! Alle Lügen waren umsonst.

Berts Knie beginnen vor lauter Anspannung zu zittern. Wenn sie doch endlich mit dem Prügeln anfangen würden!

Aber nicht mal das.

„Mensch, zisch ab!", sagt jetzt einer. „Bei dir lohnen sich nicht mal Prügel. Wäre reine Kraftverschwendung. Hau ab, zur Mami!"

Bert merkt, wie ihm das Blut in den Kopf steigt. Was wissen sie von der Mutter? Sie können alles machen, nur seine Mutter sollen sie aus dem Spiel lassen.

Aber schon geht es los.

„Bert kann nicht zur Mami. Mami ist in der Klapsmühle", schreit einer. „Bert muss selbst Mami spielen."

Es war wie ein Signal. Die Jungen grölen jetzt durcheinander. „Klapsmühle!", schreien sie und: „Mamispielen". Dabei hüpfen sie herum und boxen sich schadenfroh in die Seiten. „Klapsmühle! Mamispielen!"

Bert steht wie betäubt, noch immer im Griff von dem, den sie Bär nennen. Und der Lärm weckt schließlich den kleinen Bruder auf. Verstört schaut er auf die vielen Köpfe über ihm. Dann schreit er los, kräftig und anhaltend.

Überrascht verstummen die Jungen und blicken auf das schreiende Baby. Der Bär lässt irritiert Berts Arm los.

Bert reibt sich das schmerzende Handgelenk. Der Kleine hat Angst, denkt er. Er spürt sie genau wie ich, die Feindseligkeit und die Gefahr um uns herum. Saubande, blöde.

Das Weinen des Kindes wird heftiger, drängender. Hilflos streckt es Bert die Arme entgegen. Der kleine Oberkörper beugt sich weit vor, als suche er durch eigene Kraft in die Nähe des großen Bruders zu kommen. Dahin, wo er sich sicher glaubt, wo er Schutz vermutet.

Einen Augenblick lang zögert Bert. Dann bückt er sich, ohne die anderen eines Blickes zu würdigen, nimmt ruhig den Kleinen auf den Arm und drückt ihn zärtlich an sich. Dann gibt er ihm einen Kuss, mitten auf die Nasenspitze.

„Ganz wie Mami", höhnt einer und lacht dazu. Aber die anderen lachen nicht mehr mit. Sie sind still. Nur der Bär sagt etwas.

„Halt die Klappe", sagt er und ist dann auch so merkwürdig still.

Eine eigenartige plötzliche Stille.

Bert bemerkt sie nicht. Er spürt das nasse Gesichtchen an seinem Hals und eine warme kleine Hand, die Halt in seinem Haar sucht.

Da lächelt Bert. „Sucht euch mal einen anderen Torwart!", sagt er leise, „Ich verzichte." Entschlossen schiebt er mit der freien Hand den Kinderwagen auf die Gruppe der Jungen zu.

Verwundert machen sie Platz.

Ganz fest hält Bert den kleinen Kinderkörper. Schon lange hat der Junge nicht mehr so ein gutes Gefühl gehabt. Er spürt das Gewicht des Kleinen kaum. Leicht wie eine Feder scheint er zu sein.

Als ihn dann die anderen einholen, hat Bert noch das Lächeln im Gesicht. Er hört ihre Schritte, dreht sich ruhig um. Erstaunt, als hätte er sie eine lange Zeit nicht gesehen, schaut er sie an und fragt: „Ist was?"

Keiner der Jungen gibt eine Antwort. Die ersten Regentropfen fallen. Warmer Sommerregen wäscht die staubige Straße.

Es dauert eine kleine Ewigkeit, ehe Martin zögernd spricht. „Du könntest den Kleinen ja zum Training mitbringen. Wir passen dann abwechselnd auf ihn auf. Ganz bestimmt. Du kannst dich auf uns verlassen."

Nun hätte Bert zum ersten Mal an diesem Tag fast geweint. Er holt tief Luft und seine Schultern heben sich. Dann nickt er, erst schwach, dann immer kräftiger. „In Ordnung", sagt er, „bis morgen also, zum Training." Er geht ein paar Schritte und dreht sich noch mal um. „Und den Kleinen bring' ich mit."

Wenig später zieht er den Kinderwagen in den Hausflur, nimmt das Einkaufsnetz heraus und geht mit dem kleinen Bruder die Treppe hinauf. Leise öffnet er die Wohnungstür. Vielleicht schläft der Vater noch.

Ich werde es der Mutter in die Klinik schreiben, nimmt sich Bert vor. Ich werde ihr schreiben, wie glücklich ich bin. Das wird sie freuen und die Freude wird ein wenig mithelfen, ihr krankes Gemüt wieder gesund zu machen. Denn Freude macht gesund, das hat ihm einmal der Arzt gesagt.

Sammy Drechsel

Elf Freunde müsst ihr sein

„Vergiss nicht, Heini, nachher noch Zeitungspapier in deine Schuhe zu stopfen. Sonst werden sie bis morgen früh nicht trocken."

Heini nickte zustimmend. Er war selbst bestrebt, das einzige Paar Straßenschuhe, das er neben seinen Fußballstiefeln und Turnschuhen besaß, zu schonen, damit es bis zum Sommer halten würde. Denn er wusste, dass ihm die Eltern erst dann wieder neue Schuhe kaufen konnten.

Heini dachte nicht mehr allzugern an die Erfahrung zurück, die er vor Wochen gemacht hatte, als er einmal seine Fußballstiefel zur Schule angezogen hatte, weil die Straßenschuhe kaputt waren und Papa Kamke erst einen Tag später Zeit hatte, sie zu besohlen. „Angeber", hatten ihn die Klassenkameraden genannt. Und er hatte sich diesen Spott gefallen lassen müssen, weil er nicht zugeben wollte, dass er nur ein Paar Straßenschuhe besaß.

Zu Hause hatte er allerdings nichts davon erzählt. Es hätte die Eltern nur traurig gestimmt. Heini hatte nicht vergessen, dass die Eltern sich seine Fußballschuhe vom Munde abgespart und darauf verzichtet hatten, sich selbst etwas zum Geburtstag zu schenken, nur damit er seine ersten Schritte als Fußballer hatte tun können.

Fünf von den Spielern der Schulmannschaft – es waren Matze Krause, Gerd Hoffmann, Hermann Hinze, Klaus Mond und Heinrich Erhardt – trafen sich zwei- bis dreimal in der Woche im Seepark, um Fußball zu spielen. Ganz systemlos, nur weil es ihnen Spaß machte, ein wenig zu üben. Matze Krause, der die Ferientage mit seiner Mutter in ihrer Grunewalder Laube verbrachte, scheute sich nicht, einen einstündigen Fußmarsch zurückzulegen, um mit seinen Freunden zusammen zu sein.

Umso seltsamer berührte sie alle fünf die Tatsache, dass Heini sich überhaupt nicht blicken ließ.

Sie hatten gerade eine kleine Verschnaufpause eingelegt und Hoffmann, auf seinem Ball sitzend, fragte:

„Sag mal, Matze, du wohnst doch im gleichen Block wie der Heini. Was ist denn mit dem los?"

„Ich war schon dreimal bei ihm", gab Matze Auskunft. „Der ist nie da."

„Dann frag doch seine Mutter mal, wo er ist."

„Hab ich. Die sagt nur: ‚Heini ist heute schon ganz früh fortgegangen.' Mehr kriegst du aus der nicht raus."

„Vielleicht hat er Stubenarrest", warf Hinze ein, „weil er ein dickes Ding gedreht hat."

„Quatsch", entschied Hoffmann, „dann hätte er uns Bescheid gesagt. Es muss etwas anderes sein. Wenn ich es nur wüsste!"

Aber es zogen noch fast zwei Wochen ins Land, bevor sie der Sache etwas näher kamen.

Eines Tages sprudelte der sonst sehr schweigsame Heinrich Erhardt, kaum dass er den Fußballplatz betreten hatte, aufgeregt hervor:

„Ich hab' was Tolles rausgekriegt. Der Heini ist abtrünnig geworden. Ich hab' es gestern und heute mit meinen eigenen Augen gesehen. So gegen halb acht kommt er bei uns am Rüdesheimer Platz vorbei. In Turnschuhen, Turnhosen und einem weißen Polohemd, einen Tennisschläger unter dem Arm. Mit einer Hülle

drum. Heute Morgen habe ich ihm vom Fenster aus zugerufen. Er lief einfach weiter. Aber er hat bestimmt nur so getan, als ob er es nicht gehört hätte. Ich habe ganz laut geschrien!"

Hoffmann pfiff durch die Zähne.

„Daher weht der Wind. Unserem Star ist der Fußball nicht mehr fein genug. Ihn zieht's zum weißen Sport der vornehmen Leute. Der spinnt wohl vollkommen. Dem werde ich vielleicht was erzählen!"

Matze konnte es nicht fassen.

„Der Heini und Tennisspielen!", sagte er kopfschüttelnd. „Das ist doch viel zu teuer. So viel Geld verdient Papa Kamke gar nicht. Ich weiß doch, dass Heinis Mutter nebenher bei Professor Gerlach sauber macht, um etwas dazuzuverdienen. Da stimmt was nicht."

Heinrich Erhardt war gekränkt:

„Du brauchst es ja nicht zu glauben. Ich hab's aber doch mit eigenen Augen gesehen!"

„Dir glaube ich ja alles, Heinrich", sagte Matze, um ihn zu beruhigen, „nur die Zusammenhänge sind so komisch. Ich bin dafür, wir prüfen den Fall einmal nach."

Hinze gab Matze Recht:

„Klar. Schließlich haben wir ja ein Recht darauf, zu erfahren, ob unser Mittelstürmer noch weiter zu uns gehört oder nicht. Sein neuester Fimmel kann uns die Berliner Meisterschaft kosten."

„So weit kommt es noch", eiferte sich Hoffmann. „Wenn der uns einen Strich durch die Rechnung macht, sind wir auch noch da. Dem werden wir seinen Koller ganz schnell austreiben. Habt ihr schon mal was von Klassenkeile gehört?"

Matze wandte sich an Erhardt:

„Denk mal scharf nach, Heinrich. Welcher Tennisplatz liegt so, dass Heini, wenn er von der Koblenzer Straße kommt, bei dir am Rüdesheimer Platz vorbei muss?"

Klaus Mond bekam große Augen!

„Ach, du willst zu dem Tennisplatz gehen und selbst nachsehen?"

„Mensch, Klaus, du merkst aber auch alles und so schnell!"

„Wir werden uns alle fünf das Bürschlein an Ort und Stelle kaufen." Hoffmann war entschlossen. „Der soll mich mal kennen lernen. Unsereiner bleibt sitzen, um die Schulmannschaft zu verstärken und andere satteln mitten in der Spielzeit auf Tennis um!"

„Na, tu man nicht so, als seiest du nur sitzen geblieben, um unsere Mannschaft zu verstärken, Gerd", lenkte Matze, der seinem Freund Heini beistehen wollte, ein.

Heinrich Erhardt, der inzwischen gründlich nachgedacht hatte, hielt alle fünf Finger seiner linken Hand hoch.

„Ich finde im Augenblick nur fünf Tennisplätze. Bei mir um die Ecke in der Johannisberger Straße ist ein Privatplatz. Dann sind am Roseneck die Blau-Weiß-Plätze. In der Mecklenburgischen Straße liegen die großen Plätze, auf denen der Bolle Mehlitz immer Unterricht gibt. Am Bahnhof Podbielski-Allee ist der vierte. Und dann gibt's noch einen in der Dillenburger Straße."

Matze klopfte Erhardt auf die Schulter.

„Gut, Heinrich, das reicht vorerst. Nun wollen wir mal überlegen. Die Plätze am Roseneck und in der Mecklenburgischen Straße kommen nicht in Frage, weil Heini dahin nicht über den

Rüdesheimer Platz, sondern über Bahnhof Schmargendorf gehen würde. Der Weg ist näher. Wir haben es beide oft genug ausprobiert, wenn wir zum Baden nach Hundekehle gingen. Bleiben also drei Plätze übrig, der in der Johannisberger Straße, der in der Dillenburger Straße und der in der Podbielski-Allee. Und die nehmen wir morgen früh unter die Lupe."

Die Jungen waren damit einverstanden. Nur Hinze sagte mit Bedauern ab. Sein Vater, der am Flughafen beschäftigt war, wollte ihm morgen eine besondere Ferienfreude machen und ihm den Betrieb zeigen. Aber Hinze versprach, sich sobald wie möglich bei Hoffmann zu erkundigen, was die übrigen vier herausbekommen hatten.

Matze Krause, Gerd Hoffmann, Klaus Mond und Heinrich Erhardt verabredeten, sich am nächsten Morgen um ½ 9 Uhr am U-Bahn-Ausgang Breitenbachplatz, Richtung Südwestkorso, zu treffen. Von dort aus konnten sie die drei Plätze bequem erreichen.

Alle vier waren pünktlich zur Stelle.

„Ich bin dafür, dass wir uns erst einmal trennen", ordnete Matze an. „Mond und Erhardt gehen in die Dillenburger Straße und Hoffmann und ich in die Johannisberger Straße. Jede Gruppe peilt auf einem Platz die Lage. In einer halben Stunde treffen wir uns wieder hier. Wenn dann beide Gruppen erfolglos gewesen sind, gehen wir gemeinsam zur Podbielski-Allee. Zurück können wir fahren. Ich hab' zwei Mark bei mir. Also los!"

Aber kaum waren Klaus Mond und Heinrich Erhardt ein paar Schritte gegangen, rief Matze sie nochmals zurück.

„Ich wollte euch nur sagen, wir treffen uns nicht hier, sondern drüben am anderen U-Bahn-Ausgang."

Als die beiden etwas verwundert über diese unbegründete Abänderung des Treffpunktes zu der bezeichneten Stelle hinübersahen, entdeckten sie ein Geschäft mit der Aufschrift „Zoologische Handlung".

„Aha", sagte Klaus Mond. „Da wird das Warten nicht so langweilig!"

Dann trotteten sie – je zwei zu zwei – in verschiedenen Rich-
tungen davon.

Matze und Gerd Hoffmann waren die Ersten, die zurückkehrten. Sie hatten keine Spur von Heini entdeckt und widmeten sich
nun voll Hingebung der Betrachtung der verschiedenen Tiere in
den Käfigen hinter der Schaufensterscheibe. Zwei kleine Äffchen gaben sofort eine Sondervorstellung. Matze und Gerd Hoffmann benahmen sich vor der Schaufensterscheibe auch nicht viel
vernünftiger und waren glücklich, dass ihre Faxen von den richtigen Affen nachgeahmt wurden.

„Wenn ich später mal reich bin, kaufe ich mir so ein Würm-
chen", meinte Hoffmann. „Dann habe ich immer gute Laune."

„Dazu brauchst du doch nicht reich zu werden. Das kannst du
einfacher haben. Bitte deine Mutter, dass sie dir einen großen
Spiegel schenkt."

Matze ging vorsichtshalber einen Schritt zur Seite. Aber seine
Sorge war unbegründet. Bei Hoffmann fiel der Groschen in Zeit-
lupe, und als er Matzes Witz endlich begriffen hatte, war es für

eine Entgegnung zu spät. Klaus Mond und Heinrich Erhardt waren auch gekommen. Ihre Gesichter verrieten, dass sie ohne Erfolg zurückkehrten.

„In der Dillenburger Straße haben wir nur Zahnärzte gesehen. Der Platz gehört der Ärztekammer, da dürfen überhaupt keine Kinder spielen", berichtete Heinrich Erhardt.

„Bei uns war es auch nicht anders. Der Platz in der Johannisberger Straße gehört einem Direktor von so einer Filmfirma. Da kann Heini nicht sein. So berühmt ist er wohl noch nicht."

Hoffmann winkte zum letzten Mal den kleinen Äffchen zu. Dann zeigte er mit ausgestreckter Hand nach links und sagte wie ein Feldherr:

„Wir werden den Feind auch so zu finden wissen. Auf zur Podbielski-Allee."

Kurz vor dem Untergrundbahnhof Podbielski-Allee blieben die vier stehen. Ein hoher dichter Zaun zog sich an der rechten Seite des Bürgersteigs entlang. Innen befestigte grüne Segeltücher versperrten die Sicht, aber die Jungen wussten, dass der Tennisclub „Blau-Silber" hinter dem Zaun beheimatet war.

„Hört ihr, da wird gespielt."

Hoffmann spitzte die Ohren, um zu prüfen, ob sich Matze nicht getäuscht hatte. Das war nicht einfach, weil ein Auto nach dem andern vorüberfuhr.

„Jetzt hör ich's auch", bestätigte er nach einer Weile angespannten Lauschens.

Klaus Mond lag platt auf dem Bauch und presste den Kopf an den schmalen Spalt, der zwischen Segeltuchbespannung und Erdboden freigeblieben war.

„Da wird auf drei Plätzen gespielt. Aber Genaueres ist nicht zu erkennen", stöhnte er in seiner unbequemen Lage.

Heinrich Erhardt, der ein Stückchen weiter um die Ecke des Zaunes spaziert war, kam aufgeregt zurück.

„Auf der anderen Seite, in der Schorlemer Allee, kann man durchsehen. Kommt mal rasch mit. Ich glaube, Heini ist da."

Wie von der Tarantel gestochen rannten alle vier in die Schorlemer Allee. Hier war zwischen zwei Planen eine Lücke von ungefähr einem halben Meter frei.

Gerd Hoffmann sah als Erster hindurch.

„Da ist ja der Verräter", rief er.

Er hatte Heini, der mit zwei anderen Tennisspielern am Netz stand, sofort entdeckt.

„Wo denn?", rief Klaus Mond. Er war als Letzter angekommen und konnte kaum etwas sehen.

Hoffmann ließ ihn an seinen Platz.

„Der stellt sich so blöd an, dass ihm gleich zwei Mann beibringen müssen, wie man einen Tennisschläger hält!", spottete Klaus Mond.

Plötzlich blieb ihm jedoch das Wort im Munde stecken. Die beiden Tennisspieler, die mit Heini am Netz zusammengestanden hatten, begaben sich – der eine nach rechts, der andere nach links – auf das Spielfeld. Sie schlugen ein paar Bälle hin und her.

Sobald sie einen Ball verfehlten, warf ihnen Heini einen neuen zu und lief dem ausgeschlagenen Ball nach, um ihn aufzuheben.

„Merkt ihr endlich, was wir für Vollidioten sind?"

Matze tippte Hoffmann an die Stirn.

„Der sammelt ja Bälle, statt selbst zu spielen!" Nun hatte es auch Klaus Mond kapiert.

Heinrich Erhardt sagte gar nichts. Er wunderte sich nur, dass seine sensationelle Entdeckung sich so harmlos auflöste.

Matze war glücklich, dass er seinen Freund von Anfang an verteidigt hatte:

„Der Heini muss eben zu Hause etwas dazuverdienen. Der hat's nicht so gut wie wir. Der kriegt nicht einmal Taschengeld."

„Ich kriege auch kein Taschengeld und muss jeden Morgen mit meiner Mutter Zeitungen austragen. Ich kann den Heini verstehen."

Das sagte Klaus Mond, dessen Mutter drei Jungen ernähren musste. Klaus war der älteste. Sein Vater war vor zwei Jahren bei einem Verkehrsunfall ums Leben gekommen.

„Ich bin dafür, wir gehen jetzt", ergriff Matze wieder das Wort. „Unsere Befürchtungen waren ja nun Gott sei Dank unberechtigt. Was wollen wir mehr?"

„Ich meine, wenn wir schon mal hier sind, könnten wir ruhig guten Tag sagen." Gerd Hoffmann war ein wenig schuldbewusst, wenn er an seine heftigen Angriffe gegen Heini dachte.

Sie beschlossen, im Umkleidelokal der Tennisspieler auf Heini zu warten. Zu viert bestellten sie eine Zitronenlimonade und harrten in einer dunklen Ecke der Dinge, die da kommen sollten. Zuerst betrat der Tennislehrer das Lokal. Etwas später tauchte Heini auf und legte die Tennisbälle in ein Regal. Dann kam ein dicker Herr.

„Was bekommst du denn von mir?", fragte er Heini und wischte sich mit einem Handtuch den Schweiß vom Gesicht. Heini lief hinaus und sah auf die Platzuhr.

„Von 9–11 Uhr, sind zwei Stunden, macht zweimal sechzig, also eine Mark zwanzig", rechnete er im Zurückkommen.

„Hier hast du zwei Mark, weil du alle meine unmöglichen Bälle wieder gefunden hast."

Heini wollte das Trinkgeld nicht annehmen.

„Behalt es ruhig. Mit mir hast du mehr Arbeit als mit einem richtigen Tennisspieler", meinte der dicke Herr und ging in den Duschraum.

Heini sah verklärt auf die zwei Mark. Dann ging er zu einem der Regale, griff nach seiner Geldbörse und legte das frisch verdiente Geld hinein.

Beinahe wäre er dabei zu Fall gekommen, weil ihm jemand einen Stoß in den Rücken versetzte. Er drehte sich wütend um.

„Was soll denn das?"

Da erkannte er Klaus Mond, der sich auf diese ungewöhnliche Art bemerkbar gemacht hatte.

„Was machst du denn hier?"

Statt einer Antwort zeigte Klaus auf den Tisch in der Ecke, an dem die anderen drei gespannt die Vorgänge verfolgten. Heini wusste nicht, was er von ihrem unverhofften Besuch halten sollte. Er brachte kein Wort heraus.

„Du freust dich wohl gar nicht, ein paar Teamkameraden zu treffen?", fragte Gerd Hoffmann halb verlegen, halb scheinheilig.

„Doch schon ... aber ich weiß nicht recht ... woher wisst ihr überhaupt ...?"

Dann erkannte er Heinrich Erhardt.

„Aha, hat der Herr seine Entdeckung wieder einmal nicht für sich behalten können!"

Matze verteidigte den Kameraden:

„Heini, so darfst du nicht reden. Heinrich hat es gut gemeint. Wir wussten doch drei Wochen lang überhaupt nicht, was mit dir los war. Du hast dich nirgendwo gemeldet, bist nicht zum Fußball gekommen und deine Mutter verriet es uns auch nicht. Da musst du schon verstehen, dass wir uns um dich kümmern. Schließlich gehören wir alle zusammen."

„Das meine ich auch", ließ Hoffmann sich hören.

„Ihr habt natürlich Recht", antwortete Heini. „Aber ihr hättet euch doch denken können, dass ich meine Gründe habe, wenn ich mal eine Weile untertauche."

„Warum machst du denn ein Geheimnis daraus, dass du Bälle sammelst? Meinst du, wir verstehen nicht, dass du zuhause ein paar Mark beisteuern musst? Das ist doch nichts Besonderes! Klaus muss es ja auch", meinte Matze.

Heini besann sich eine Weile, dann sagte er trotzig:

„Wenn ihr es schon so genau wissen wollt, ich muss von diesem Geld zuhause keinen Pfennig abliefern. Ich darf alles behalten, und wenn ich heute noch zwei so gute Kunden habe, wie eben den Herrn Direktor Marquardt, kann ich mir morgen ein paar neue Fußballstiefel kaufen. So, ihr neugierigen Affen."

Klaus Kordon

Flitzekacke

Es war in den ersten Jahren nach dem letzten großen Krieg. Den Menschen in den zerstörten Städten mangelte es an allem, was sie zum täglichen Leben benötigten. Es gab kaum heile Wohnungen, kaum Lebensmittel und auch keine Kohlen zum Heizen. An Spielzeug für die Kinder war schon gar nicht zu denken. Die Jungen und Mädchen mussten sich ihr Spielzeug selbst basteln: Puppen aus Kleiderresten, Rennautos aus Holzstückchen, Fußbälle aus Lumpen. Franks großer Bruder Burkhard war ein Meister im Basteln. Er hatte die tollsten Ideen und zauberte aus dem unmöglichsten Krimskrams die schönsten Spielsachen. Auch für Frank. Eines Tages aber schenkte die Mutter den beiden Jungen zwei richtige schwarze Gummibälle mit roten, grünen, gelben und blauen Streifen. Es waren die ersten richtigen Bälle, die es wieder zu kaufen gab. Frank und Burkhard hätten vor Freude an die Decke springen können. Es gab ja weder einen Geburtstag noch Weihnachten zu feiern, die Bälle waren einfach nur so Geschenke zwischendurch.

Burkie ließ seinen Ball ein paarmal auf dem Kopf tanzen, nahm ihn aufs Knie und wieder auf den Kopf: Fußballspielen war seine Leidenschaft! Dann schob er den Ball unter sein Bett,

damit dem kostbaren Geschenk auch ja nichts geschehen konnte, und ging auf die Straße. Er war mit seinen Freunden verabredet.

Frank presste den Kopf an seinen Ball. Wie das Gummi roch! Wie glatt es war! Er liebt ihn schon, seinen Ball. Und damit die beiden Bälle nicht verwechselt werden konnten, machte er mit Burkies Füllfederhalter ein blaues Kreuz auf seinen Ball – genau auf einen gelben Streifen.

Das war nun sein Ball, seiner ganz allein, niemand konnte ihm den nun noch wegnehmen.

Danach ging Frank mit seinem funkelnagelneuen Ball auf die Straße, zeigte ihn stolz seinen Freunden und hatte nichts dagegen einzuwenden, als Hansi, Bernd, Rolf und Lille das Prachtstück gleich mal ausprobieren wollten.

Damals fuhren nur wenige Autos durch die Straßen, und die Jungen wohnten in einer Nebenstraße, da kam sogar nur alle Stunde mal ein Auto vorbei. Also spielten sie gleich vor dem Haus, in dem Frank wohnte. Die Jalousie eines seit langer Zeit geschlossenen Lebensmittelladens war das Tor, die Straße das Spielfeld. Zwei gegen zwei spielten sie und Lille ging ins Tor.

Der Ball war prima, er sprang und flog viel höher und weiter als die schwerfälligen Lumpenbälle. Die Jungen waren begeistert. Von nun an würden sie nur noch mit Franks Ball Fußball spielen, das stand fest. Doch dann passierte es: Hansi wollte sich den Ball von Bernd nicht abnehmen lassen und lief auf die Hauptstraße zu.

„Komm zurück!", schrie Frank. Es war gefährlich, auf der Hauptstraße Fußball zu spielen. Wenn auch nur selten ein Auto kam, manchmal rasten sie so schnell um die Kurve, dass man sie erst bemerkte, wenn es schon fast zu spät war. Doch Hansi und Bernd kickten den Ball immer weiter vor sich her. Und dann gab Hansi, der auf die Dauer nicht schnell genug war, dem Ball einen Tritt. Wenn er ihn schon nicht behalten konnte, sollte ihn auch Bernd nicht bekommen. Der Ball stieg hoch, sprang ein paarmal auf und rollte weiter – direkt über die Hauptstraße.

Ein Auto kam. Die Jungen schrien auf, aber sie konnten nichts mehr tun. Tatenlos mussten sie zusehen, wie Franks neuer Ball mit einem Zischlaut unter dem linken Vorderrad des Autos zu einem flachen, leblosen Ding zusammengepresst wurde.

Das Auto fuhr weiter, die Jungen aber standen da und rührten sich nicht. Schließlich fasste Hansi sich ein Herz. Er ging hin und holte das flache, leblose Stück Gummi. Blass im Gesicht brachte er es Frank und stotterte: „Es tut mir Leid. Das … das wollte ich nicht."

Frank biss sich auf die Lippen, er wollte nicht heulen, wollte wirklich nicht heulen, aber die Tränen rannen und rannen und liefen ihm in die Mundwinkel. Ohne Hansi das Ding, das einmal sein Ball gewesen war, abzunehmen, drehte er sich um und lief ins Haus. Er warf sich auf sein Bett, presste den Kopf ins Kopfkissen und blieb so liegen. Dann fiel ihm plötzlich Burkies Ball ein. Er stand auf, kniete sich hin und sah unter Burkies Bett: Da lag er, Burkies Ball, schön und glatt und rund und noch ganz unbenutzt. Er angelte ihn unter dem Bett hervor und hielt ihn in seinen Händen.

War das nicht *sein* Ball? Frank begann zu schwitzen. Er wusste ja, dass das, was er da überlegte, ziemlich gemein von ihm war.

Aber trotz aller Bedenken, er konnte einfach nicht anders: Er wollte doch seinen Ball behalten – und dieser Ball sah ja aus wie seiner; niemand würde je beweisen können, dass Burkies Ball nicht sein Ball war, es gab keinen noch so klitzekleinen Unterschied. Oder doch, einen gab es, aber der war leicht behoben. Schnell, als könnte er es sich doch noch anders überlegen, nahm Frank Burkies Füllfederhalter und machte ein blaues Kreuz auf dem gelben Streifen von Burkies Ball. Das konnte er Burkie zeigen, falls der Bruder ihm nicht glaubte.

Burkie kam kurz vor dem Dunkelwerden nach Hause. Er hatte gute Laune, denn seine Freunde und er waren im Kino gewesen und hatten einen spannenden Film gesehen. Dennoch verschwand Frank zur Vorsicht lieber erst einmal aufs Klo. Er konnte sich ja denken, dass Burkie gleich nach seinem Ball schauen würde. Und da Frank immer alles ganz richtig machen wollte, auch wenn er etwas nur vortäuschte, ließ er vorsichtshalber sogar die Hosen herunter, bevor er sich auf die Klobrille setzte. Dann lauschte er.

Nicht lange und Burkie kam aus dem Zimmer zurück. „Wo ist denn mein Ball?", rief er.

„Weiß ich doch nicht", antwortete die Mutter aus der Küche. Und dann sagte sie, was sie in solchen Fällen immer sagte: „Passt gefälligst besser auf eure Sachen auf."

Anstatt etwas zu erwidern, fragte Burkie: „Ist Frank nicht da?"

„Doch", sagte die Mutter. „Eben war er noch hier."

„Frank!", rief Burkie. Und dann noch einmal: „Frank! Wo steckst du?"

„Was ist denn?" Frank gab sich Mühe, seiner Stimme einen unwirschen Klang zu geben. Wer antwortet schon freundlich, wenn er auf dem Klo gestört wird?

„Hast du meinen Ball?"

„Nein."

„Aber wo ist er denn?"

„Weiß ich doch nicht." Frank benutzte absichtlich Mutters Worte. Am liebsten hätte er noch hinzugefügt, dass Burkie eben auf seine Sachen besser Acht geben müsse. Das wäre so schön einfach gewesen. Aber das wagte er denn doch nicht.

Im Flur wurde es still, Burkie musste ins Zimmer zurückgegangen sein. Frank blieb trotzdem noch hocken. Sicher war sicher.

Burkie kam zum zweiten Mal in den Flur. Er klopfte an die Klotür. „Komm mal raus."

„Ich kann nicht."

„Warum denn nicht?"

„Hab Flitzekacke."

Flitzekackc war ein Wort, das Burkie erfunden hatte. Er benutzte es anstelle von Dünnschiss, weil die Mutter gesagt hatte, Dünnschiss wäre kein schönes Wort für Durchfall. Gegen Flitzekacke hatte sie nichts einzuwenden.

„Du hast Durchfall?" Die Mutter stand jetzt auch vor der Klotür. Ihre Stimme klang besorgt, aber auch misstrauisch. „Was hast du außer der Grützsuppe heute noch gegessen?"

„Unreife Äpfel", log Frank.

Die beiden vor der Tür tuschelten miteinander. Frank gab sich Mühe zu verstehen, was sie miteinander beredeten, aber sie spra-

chen zu leise, er bekam nichts mit. Schließlich sagte Burkie laut:
„Ich hab Zeit."

Und Frank hörte, wie der Bruder im Flur leise vor sich hin-
pfiff.

Frank blieb noch ein Weilchen hocken und hörte Burkies Ge-
pfeife mit an. Der Bruder pfiff ohne Unterlass einen Schlager
nach dem anderen, oft falsch, aber unverdrossen, und anstatt lei-
ser, wurde er immer lauter. Er wollte zeigen, dass er tatsächlich
viel Zeit hatte, und es wirkte: Frank ergab sich. Aber er machte
langsam: Laut und deutlich riss er ein Stück Papier nach dem anderen ab und wischte damit so lange an seinem sauberen Hintern
herum, dass Burkie es unbedingt mitbekommen musste. Dann
spülte er dreimal, wusch sich mehrfach umständlich die Hände
und trocknete sie so gründlich ab, als wäre jeder Tropfen Wasser
an seinen Händen lebensgefährlich. Schließlich war auch das erledigt, und er musste die Tür öffnen.

Burkie hörte auf zu pfeifen. „Hast du meinen Ball gehabt?",
fragte er sofort.

„Ich? Wieso denn ausgerechnet ich? Ich hab doch selber einen."

„Vielleicht hast du ihn verloren?"

„Quatsch! Auf dem Schrank liegt er doch." Frank wurde langsam wieder sicherer. Burkie konnte ihm ja nichts beweisen; selbst
wenn er alles ahnte, er konnte ihm einfach nichts beweisen.

„Und woher weiß ich, dass der auf dem Schrank tatsächlich dei-
ner ist?" Je sicherer Frank wurde, desto unsicherer wurde Burkie.
Der große Bruder wollte ihn nicht zu Unrecht verdächtigen.

„Ganz einfach." Frank ging ins Zimmer, nahm Burkies Ball
vom Schrank und zeigte Burkie das Tintenkreuz. „Das habe ich
gemacht, damit wir unsere Bälle nicht verwechseln können."

Burkies Zweifel waren bis auf einen kleinen Rest zerstreut. Er
traute Frank eine so freche Lüge einfach nicht zu. „Und wo ist
mein Ball?", fragte er. „Er kann sich doch nicht einfach in Luft

aufgelöst haben." Er blickte ärgerlich, aber kaum noch suchend in die Runde. „Und das, nachdem ich heute allen versprochen habe, dass wir morgen mit dem neuen Ball ein Spiel austragen."

Frank tat der Bruder Leid. „Wenn ihr wollt, könnt ihr ja mit meinem spielen. Ihr dürft ihn mir nur nicht kaputtmachen."

Burkie zog die Augenbrauen hoch. So viel Großzügigkeit war er von Frank nicht gewohnt. Aber bevor er etwas sagen konnte, klingelte es. Die Mutter ging zur Tür und öffnete. „Frank, für dich!", rief sie dann.

Frank war froh, dass die Mutter ihn erlöste. Den Ball unter dem Arm ging er in den Flur – und blieb stehen. In der Tür stand Hansi – mit *seinem* Ball unter dem Arm. Aber der Ball war nicht mehr flach gedrückt, sondern prall und rund und wieder wie neu.

„Meine Mutter hat mir auch so einen Ball gekauft", sagte Hansi traurig. „Als ich ihr erzählte, dass ich schuld daran bin, dass dein Ball …" Er schluckte. „Sie meinte, es wäre richtiger, wenn ich dir meinen Ball als Ersatz …" Er konnte wieder nicht weitersprechen.

„Guck an! Guck an!" Burkie nahm dem unglücklichen Hansi den Ball ab, ließ ihn ein paarmal auftippen und gab ihn Hansi dann zurück. „Behalt ihn, es reicht, wenn du ihn Frank ab und zu mal borgst."

Hansi ließ sich das nicht zweimal sagen; er nickte strahlend und verschwand. Burkie schloss die Tür und drehte sich zu Frank um. „Na, du Flitzekacke, du!"

Frank ließ Burkies Ball fallen, und ohne Burkie noch einmal anzublicken, machte er, dass er zur Mutter in die Küche kam.

Manfred Mai

Wir werden Meister!

Der FC Winterhausen begann das „Endspiel" mit seiner besten Elf: Pisa, Vanessa, Lukas, Larissa, Flori, Ketschup, Macke, Andi, Anne, Serdal und Recep.

Die Mannschaften stellten sich auf, das Spiel begann. Den ersten Spielzug hatten die Winterhausener mehr als hundertmal eingeübt. Nach dem Anpfiff schob Serdal den Ball zu Recep und lief sofort in die Spitze. Recep spielte den Ball zurück zu Anne und folgte Serdal. Anne ließ den Ball für Flori liegen und rannte an der linken Außenlinie entlang nach vorn. Das sah alles ein wenig eigenartig, ja anfängerhaft aus, und die Relinger Abwehrspieler waren für ein paar Augenblicke verwirrt. Das nützte Flori aus und spielte einen langen Pass zu Anne. Die lief mit dem Ball in Richtung Tor, bis sich ihr ein Verteidiger in den Weg stellte. Nun rechnete alles mit einem Dribbling oder einer Flanke. Aber zur Überraschung der Relinger und vieler Zuschauer spielte Anne den Ball quer – genau in den Lauf des heranstürmenden Andi. Und der traf den Ball voll mit dem Spann. Bevor ein Relinger den Ball berührt hatte, hing er schon im Netz.

„Tor!", riefen die Fans des FC Winterhausen und freuten sich wie die Mannschaft über diesen gelungenen Auftakt.

Die Relinger hatten sich noch nicht von dem Schock erholt, da spielten sich Serdal und Recep mit einem Doppelpass durch die Abwehr, als ob die gar nicht vorhanden wäre. Zum Schluss brauchte Recep den Ball nur noch ins leere Tor zu schieben.

„Tooor!", riefen die Fans wieder und waren begeistert. Die Mädchen und Jungen des FC Winterhausen lagen sich jubelnd in den Armen, während ihre Gegner wie benommen auf dem Platz standen. Ihr Trainer brüllte Anweisungen durch die Gegend, aber man hatte nicht den Eindruck, dass seine Spieler sie hörten. Auch in den nächsten Minuten kickten sie wie blutige Anfänger und waren dem Winterhausener Angriffswirbel nicht gewachsen. Nach einer herrlichen Kombination stand Macke plötzlich allein vor dem Tor. Er war so überrascht, dass er im ersten Augenblick nicht wusste, was er tun sollte.

„Schieß!", schrie Andi.

Weil ihm niemand zu Hilfe kam, kickte Macke den Ball einfach nach vorn – ins Tor! Die andern wollten ihm gratulieren, aber sie bekamen ihn nicht zu fassen. Macke raste kreuz und quer über den Platz, als wäre eine Meute Löwen hinter ihm her.

„Der hat wirklich eine Macke", sagte Rainer Abele.

„Wer hat die nicht?", meinte Herr Butz und strahlte.

Der Schiedsrichter pfiff wie verrückt auf seiner Trillerpfeife, aber Macke lief noch eine Ehrenrunde und genoss den Beifall der Zuschauer.

„Wenn du nicht sofort in deine Hälfte gehst, stelle ich dich vom Platz!", drohte der Schiedsrichter.

Das zog, denn natürlich wollte Macke nach dem ersten Tor in seiner Karriere nicht vom Platz fliegen.

Bevor der Schiedsrichter die Begegnung wieder anpfiff, wechselte der Relinger Trainer aus. Er nahm gleich vier Spieler auf einmal aus dem Spiel und schickte vier neue auf den Platz. Und wie so oft brannten die Reservespieler vor Ehrgeiz. Sie wollten beweisen, dass sie mindestens so gut waren wie die andern.

Herr Butz versuchte inzwischen seine Mannschaft zu beruhigen. „Ihr dürft nicht übermütig werden! Habt ihr gehört? Spielt ruhig weiter und passt hinten auf!"

Aber diesmal hörten sie nicht auf ihn. Jetzt wollten alle nach vorn und Tore schießen. Sogar Vanessa und Larissa hielt es nicht mehr in der eigenen Hälfte. Und was Herr Butz befürchtet hatte, traf ein: Seine Mannschaft lief in einen Konter der Relinger. Schon stand es nur noch 1:3. Das betrachteten die meisten Winterhausener nur als kleinen Schönheitsfehler. Sie wollten weiter zaubern. Aber plötzlich klappten die Tricks nicht mehr. Es war wie verhext. Zwanzig Minuten lang hatten sie Traumfußball gespielt, jetzt misslang alles, selbst die einfachsten Dinge. Und als Ketschup auch noch einen harmlosen Schuss ins Tor abfälschte, standen die Winterhausener wie begossene Pudel auf dem Platz, obwohl sie noch mit einem Tor Vorsprung führten.

Jetzt kam Pisas große Zeit. Er sprang, hechtete und flog wie Andi Köpke durch sein Tor. Mutig warf er sich den gegnerischen Stürmern vor die Füße und begrub den Ball unter sich. Einmal lag ein richtiges Spielerknäuel vor Pisas Tor. Mittendrin steckte Pisa mit dem Ball in den Händen und grinste. Aber seine größte Leistung vollbrachte er eine Minute vor dem Halbzeitpfiff. Der Relinger Mittelstürmer wurde an der 16-Meter-Linie herrlich angespielt und zog sofort ab. Pisa schraubte sich in die Luft, wurde lang und länger und konnte den Ball mit den Fingerspitzen ge-

rade noch über die Latte lenken. Für diese Glanztat erhielt er sogar vom Gegner Beifall. Ohne Pisa hätte Relingen zur Halbzeit geführt. Das wussten die andern. Deswegen schlichen sie in die Kabine, als ob sie Prügel bezogen hätten. Die aufmunternden Zurufe ihrer Fans nahmen sie kaum wahr. In der Kabine ließen sie sich auf die Bänke fallen und streckten die Beine von sich.

„Ihr dürft die Köpfe jetzt nicht hängen lassen", sagte Herr Butz energisch. „Los, steht auf und bewegt euch!"

Die Mädchen und Jungen schauten ihn verwundert an.

„Na los, habt ihr nicht gehört, ihr sollt euch bewegen!"

Murrend standen sie auf und schlurften im Gänsemarsch um den Tisch herum.

„Zwanzig Minuten lang habt ihr gespielt wie der deutsche Meister", begann Herr Butz. „Die Leute waren begeistert, weil sie so etwas noch nie gesehen hatten, genau wie ich. Aber dann wolltet ihr noch einen draufsetzen und spielen wie die Weltmeister, obwohl ich euch gewarnt habe, nicht übermütig zu werden."

Andi wurde die Lauferei zu dumm. Er setzte sich auf eine Bank.

„Ich hab nicht gesagt, dass du dich hinsetzen sollst!", schnauzte ihn Herr Butz an.

Andi sagte keinen Ton und reihte sich schnell wieder ein.

„Ein D-Jugendspiel dauert sechzig Minuten. Das hat man nach zwanzig Minuten noch nicht gewonnen, selbst wenn man 3:0 führt. Das solltet ihr inzwischen wissen! Wie schnell so ein Vorsprung weg ist, habt ihr ja selbst gesehen."

„Wenn der so doof ist und ein Eigentor schießt", meckerte Pisa und knuffte den vor ihm gehenden Ketschup in den Rücken.

„Lass das! Er ist nicht mehr und nicht weniger schuld als alle andern, dass ihr den schönen Vorsprung verschenkt habt", nahm Herr Butz Ketschup in Schutz. „Zehn Minuten habt ihr katastrophal gespielt. Ihr könnt euch bei eurem Torwart bedanken, dass es noch 3:2 steht. Und weil es noch 3:2 steht, gibt es trotz allem keinen Grund, die Köpfe hängen zu lassen. Wenn ihr euch in der zweiten Halbzeit wieder zusammenreißt, dann gewinnt ihr das Spiel. Denn ihr seid viel besser als die. Ist das klar?"

Die Mädchen und Jungen brummten nur Unverständliches vor sich hin.

„Ob das klar ist?!"

„Ja!", schrien sie.

„Dann fasst euch jetzt an den Händen!" Herr Butz spitzte die Ohren. „Ich will etwas hören!"

„Gemeinsam schaffen wir's!", brüllte es aus allen Kehlen.

In diesem Augenblick kam Herr Waiblinger in die Kabine. „So ist es recht. Ich habe schon gedacht, ihr wollt aufgeben und den Sieg verschenken. Ausgerechnet heute, wo der Bezirks …"

„Ich habe ihnen schon gesagt, was sie wissen müssen", fiel Herr Butz dem Jugendleiter ins Wort. „Jetzt setzt euch noch ein paar Minuten hin, trinkt etwas und entspannt euch." Er schob Herrn Waiblinger hinaus. „Entschuldigung, aber ich glaube nicht, dass es gut ist, wenn die Kinder wissen, dass sie vom Bezirksjugendleiter und vom Verbandstrainer beobachtet werden."

„Ich dachte nur, es würde sie ermuntern, sich noch einmal anzustrengen."

„Ich kenne die Kinder inzwischen recht gut", erklärte Herr Butz. „Einige würden versuchen, alles allein zu machen, um zu glänzen. Andere würden vor lauter Aufregung keinen Ball mehr treffen."

„Ich habe es nur gut gemeint", sagte Herr Waiblinger leicht beleidigt.

„Das weiß ich. Aber glauben Sie mir, es ist besser so."

„Wenn Sie meinen."

Herr Butz ging zurück in die Kabine. Da pfiff der Schiedsrichter auch schon. „Also los jetzt! Raus mit euch! Zeigt den Relingern und euren Fans, was ihr könnt!"

Die Mädchen und Jungen des FC Winterhausen waren nicht mehr zu halten. Sie konnten es kaum erwarten, bis die zweite Halbzeit endlich begann. Die Zuschauer wunderten sich, wie sehr sich die Mannschaft in der Pause verwandelt hatte.

„Ich glaube, Herr Butz hat ihnen ganz schön Pfeffer gegeben", sagte Floris Vater.

Annes Vater nickte. „Ja, der versteht etwas von Kindern und vom Fußball."

Der „Pfeffer" wirkte fast zu gut. Einige Jungen rasten wie wild über den Platz.

Aber wie immer, wenn es brenzlig wurde, brachten Vanessa und Flori Ruhe ins Spiel. Sie hielten den Ball in den eigenen Reihen, spielten auch einmal zurück, liefen sich sofort wieder frei und bauten das Spiel von hinten auf.

Jetzt klappte auch der Wechsel zwischen den Zwillingen wieder. Larissa blieb hinten, wenn Vanessa mit nach vorn ging. Und das tat sie immer öfter. Fast alle Angriffe liefen über sie. Mal dribbelte sie, mal spielte sie schnell, mal hielt sie den Ball und lockte zwei, drei Relinger aus der Abwehr, bevor sie einen Pass zu Serdal oder Recep schlug. Vanessa tat immer das Richtige.

„Dieses Mädchen ist die Beste auf dem Platz", sagte der Verbandstrainer. „Drei, vier andere sind wirklich nicht schlecht, aber sie stellt alle in den Schatten. Schade, dass sie kein Junge ist."

Nach zehn Minuten lief das Spiel des FC Winterhausen wieder wie am Schnürchen. Trotzdem war noch nichts entschieden, denn die Relinger wehrten sich mit allen Kräften. Da nahm Ketschup einem Gegenspieler den Ball ab, Vanessa spurtete sofort los, erhielt den Ball, trieb ihn bis in die gegnerische Hälfte, umkurvte zwei Relinger, sah Andi halbrechts laufen und spielte im richtigen Moment den Pass in den freien Raum. Bevor die Relinger sich gedreht hatten, stand Andi allein vor ihrem Torwart. Aber Andi wäre nicht Andi gewesen, wenn er den Ball jetzt einfach ganz normal ins Tor geschossen hätte. Am Elfmeterpunkt blieb er plötzlich stehen und lockte den Torwart heraus.

„Schieß doch!", schrien die Winterhausener.

Herr Butz raufte sich die Haare. „Der macht mich noch wahnsinnig!"

Andi nahm den Ball mit der Fußspitze hoch und kurz bevor der Torwart nach dem Ball hechten wollte, schlug Andi einen gefühlvollen Heber. Der Torwart sprang vergeblich in die Luft, der Ball landete im Tor.

Andi drehte ab und ließ sich feiern.

„Der Kerl hat Nerven!", staunte der Verbandstrainer.

Herr Butz drohte Andi mit der geballten Faust. „Wenn du den nicht reingemacht hättest, hätte ich dir den Kopf abgerissen!"

Andi strahlte. „War doch viel spannender so!"

„Aufpassen jetzt und nicht übertreiben!", rief Herr Butz. Er gab dem Schiedsrichter ein Zeichen, dass er auswechseln wollte. Für Lukas und Anne durften Igor und Franz aufs Feld. Ein paar Minuten später wechselte er auch noch Macke und Larissa gegen Alex und Sandro aus.

Diesmal machten sie nicht den gleichen Fehler wie in der ersten Halbzeit. Sie spielten weiter aus einer sicheren Abwehr heraus. Und weil die Relinger nun alles nach vorne warfen, ergaben sich für die Winterhausener gute Kontermöglichkeiten. Zwei davon nutzten die schnellen Stürmer zum 6:2-Sieg.

Nach dem Schlusspfiff tanzten die Mädchen und Jungen auf

dem Platz. Herr Butz, Herr Waiblinger und Rainer Abele gratulierten ihnen. Auch einige Mütter und Väter liefen auf den Platz und drückten ihre Kinder an sich. Erst als der Bezirksjugendleiter den Meisterwimpel überreichen wollte, wurde es ruhig.

„Liebe Jungen – und Mädchen, muss ich ja heute sagen", begann er seine kleine Ansprache. „Ihr habt uns ein tolles Spiel gezeigt, am liebsten würde ich beiden Mannschaften einen Meisterwimpel überreichen, denn beide hätten ihn verdient."

Die Zuschauer klatschten.

„Aber es kann eben nur einer Meister werden. Und ich glaube, wir haben alle gesehen, dass die D-Jugend des FC Winterhausen diesen Wimpel heute zu Recht erhält."

„Bravo!", riefen viele und klatschten begeistert.

„Was diese Mannschaft an technischem Können und Spielwitz gezeigt hat – und ich füge hinzu: auch dank der drei Mädchen gezeigt hat –, ist erstaunlich. Bei solchen Jugendmannschaften braucht uns um die Zukunft des Fußballs nicht bange zu sein – auch um die Zukunft des Damenfußballs nicht!"

Wieder wurde er von Beifall unterbrochen.

„Ich bitte nun den Spielführer des FC Winterhausen zu mir!"

Flori machte ein paar Schritte nach vorn, nahm den Meisterwimpel entgegen und hielt ihn hoch wie die Spielführer der Großen die Pokale. Natürlich wollten alle Mädchen und Jungen des FC

Winterhausen den Wimpel einmal in den Händen halten und erdrückten Flori fast.

Eine halbe Stunde später saßen sie in der Kabine und erzählten sich noch einmal gegenseitig die schönsten und tollsten Szenen des Spiels. Plötzlich ging die Tür auf und Herr Waiblinger kam mit dem Bezirksjugendleiter herein.

„Ihr habt wirklich eine tolle Mannschaft", sagte der Bezirksjugendleiter. „Das hat mir der Verbandsjugendtrainer bestätigt."

„Der Verbandsjugendtrainer?", fragte Andi ungläubig. „War der denn hier?"

Der Bezirksjugendleiter nickte. „Und er war sehr beeindruckt von euch. Es könnte gut sein, dass der eine oder die andere demnächst zu einem Lehrgang in die Sportschule eingeladen wird."

„Juhu!", jubelten einige sofort.

„Ich werde Nationalspieler!", rief Andi und tanzte durch die Kabine.

Nachdem sich alle wieder einigermaßen beruhigt hatten, fuhr der Bezirksjugendleiter fort: „Schade ist nur, dass ihr in der nächsten Saison nicht mehr zusammen spielen könnt."

Ein paar Jungen guckten ihn verwundert an.

„Ihr wisst doch sicher, dass gemischte Mannschaften ab der C-Jugend nicht mehr erlaubt sind. Aber wie ich gehört habe, möchte euer Trainer in der nächsten Saison sowieso eine Mädchenmannschaft spielen lassen." Er nickte Vanessa, Larissa und Anne zu. „Ihr geht dem Fußball also nicht verloren. Das wäre auch sehr schade, denn es macht wirklich Spaß, euch zuzuschauen."

„Dann werden wir nächstes Jahr eben zweimal Meister", sagte Andi. „Bei den Jungen und bei den Mädchen."

Quellenverzeichnis

Ulli Schubert: Torjäger Timo wird entdeckt, Loewe Verlag, Bindlach 1999

Uwe Timm: Rennschwein Rudi Rüssel, © 1989 Verlag Nagel & Kimche AG, Zürich

Knister: Hexe Lilli im Fußballfieber, © 1998 Arena Verlag GmbH, Würzburg

Eric Geuchen: Endspielfieber, Kerle, Freiburg – Wien 2001

Manfred Mai: Das Traumpaar, aus: Leselöwen-Fußballgeschichten, © 1993 by Loewe Verlag, Bindlach

Moni Brännstrom: Tsatsiki, Karate oder Schmusetanz, © 1998 Verlag Friedrich Oetinger, Hamburg

Jo Pestum: Tobi und die rosa Teufel, © 1992 Arena Verlag GmbH, Würzburg

Christina Koenig: Pia am Ball, Altberliner Verlag, Berlin – München 1998

Wolfgang Brenneisen: Andy der Fußball-Joker, © 1998 by aare Verlag (Sauerländer AG), Aarau und Frankfurt am Main

Manfred Mai: Wir holen den Pokal, © 1998 by Loewe Verlag, Bindlach

Katja Reider: Eine große Überraschung, aus: Flip und die Fußballfüchse, © 1998 Arena Verlag GmbH, Würzburg

Renate Welsh: Julie auf dem Fußballplatz, mit freundlicher Genehmigung des Esslinger Verlages J. F. Schreiber GmbH, Postfach 10 03 25, 73703 Esslingen

Hiltraud Olbrich: Eins zu null für Bert, aus: Mädchen dürfen pfeifen – Buben dürfen weinen, Jugend und Volk, Wien – München 1981

Sammy Drechsel: Elf Freunde müsst ihr sein, © 1955 by K. Thienemanns Verlag, Stuttgart – Wien

Klaus Kordon: Flitzekacke, aus: Ich bin ein Geschichtenerzähler, Gulliver Taschenbuch, 1988 Beltz Verlag, Weinheim und Basel, Programm Beltz & Gelberg, Weinheim

Manfred Mai: Wir werden Meister!, © 1994 by Loewe Verlag, Bindlach

DIE TURBO KICKER

ab 9 Jahren,
von Eric Geuchen
96 Seiten, Pappband

Endspielfieber
ISBN 3-451-70361-0

Käptn vor,
noch ein Tor
ISBN 3-451-70362-9

Torjagd ums Trikot
ISBN 3-451-70395-5

KeRLE
bei Herder

Alle Rechte vorbehalten – Printed in Germany
© KeRLE im Verlag Herder Freiburg, Wien 2002
www.kerle.de
Satz: Barbara Herrmann, Freiburg
Druck: Himmer, Augsburg 2001
ISBN 3-451-70375-0